Spar dir ein Vermögen

Markus Kessler

Spar dir ein Vermögen

Ein Weg zur finanziellen Unabhängigkeit

Bibliografische Information der Deutschen Nationalbibliothek:
Die Deutsche Nationalbibliothek verzeichnet diese Publikation in der Deutschen Nationalbibliografie; detaillierte bibliografische Daten sind im Internet über http://dnb.dnb.de abrufbar.

© 2018 Markus Kessler

Umschlaggestaltung: Ulisse Copeta

Herstellung und Verlag: BoD – Books on Demand, Norderstedt

ISBN: 978-3-7528-7997-1

Inhaltsverzeichnis

1. Einführung

1.1 Vorwort

Herzlichen Dank, liebe Leserin, lieber Leser, dass Sie sich die Zeit nehmen, diesen Ratgeber zu lesen. Damit Sie einen maximalen Erfolg haben mit diesem Buch, sollten Sie sich bewusst sein, dass es mit dem Lesen allein nicht getan ist. Viel wichtiger ist die Umsetzung des Gelernten.

Vielleicht verstehen Sie nicht immer alles auf Anhieb und vielleicht zweifeln Sie, ob Sie wirklich so viel Sparpotenzial finden, wie ich es Ihnen hier aufzeige. Dennoch sollten Sie es auf einen Versuch ankommen lassen. Diese Spartipps sind erprobt und funktionieren, auch wenn manche davon etwas Zeit brauchen, bis sie richtig wirken.

Den ersten Schritt haben Sie getan, indem Sie dieses Buch gekauft haben. Die Erfahrung zeigt, dass Sie auch später immer wieder Sparpotenziale aufdecken, die Ihnen bisher verborgen blieben. Darum sollten Sie diesen Ratgeber regelmässig durcharbeiten.

Wenn Sie mit Ihrer Familie zusammenleben, geben Sie das Buch allen zu lesen oder erzählen Sie, was Sie gelernt haben. Dann kann die ganze Familie bei der Umsetzung mithelfen.

Und wenn Ihnen dieser Ratgeber geholfen hat, sprechen Sie darüber. Erzählen Sie Ihren Freunden von diesem Buch oder schenken Sie ihnen auch ein Exemplar. Auch Ihre Freunde und Bekannten haben ein Recht darauf, sich ein Vermögen zu sparen.

Ich danke Ihnen, dass Sie sich die Zeit nehmen, dieses Buch durchzuarbeiten und freue mich, wenn Sie damit erfolgreich sparen.

Ihr
Markus Kessler

1.2 Über mich

Was mit den Methoden und Tipps aus diesem Buch alles erreichbar ist, zeigt meine eigene Geschichte. Leider wusste ich vieles davon nicht von Anfang an und so kam es, dass ich als 20-Jähriger bereits stark verschuldet war. Ich war kaum ins Berufsleben gestartet, da hatte ich schon 20'000 Franken Schulden, bei einem monatlichen Einkommen von 2'300 Franken. Ich war also mit dem Ausgeben fast ein ganzes Jahr den Einnahmen voraus. Glauben Sie mir, das war wirklich keine angenehme Situation.

Obwohl in der Folge meine Einnahmen stark stiegen und sich das Einkommen in den nächsten Jahren mehr als verdoppelte, schaffte ich es kaum in die schwarzen Zahlen. Als 30-Jähriger hatte ich immerhin aus diesen Schulden ein kleines Plus von 10'000 Franken gemacht. Nicht wirklich berauschend bei einem Jahreseinkommen von über 100'000 Franken. Dann heiratete ich und erarbeitete gemeinsam mit meiner Frau Susana diese hocheffizienten Sparmethoden.

Heute legen wir mehr als die Hälfte unseres Einkommens in lukrativen Investitionen an. Damit sind wir zuversichtlich, dass wir unser Ziel, die Frühpensionierung mit 55, erreichen.

Darum können wir mit Fug und Recht behaupten, dass die Tipps und Ideen in diesem Buch funktionieren.

1.3 Für wen ist dieses Buch?

Mir begegnen immer wieder Menschen, die leben finanziell dauernd am Limit. Wenn das monatliche Einkommen gegen Ende des Monats eintrifft, ist es normalerweise bereits verplant. Bevor das Geld auf dem Konto ist, wissen diese Menschen schon, wofür sie es ausgeben werden.

Dieses Leben am Limit ist ein Spiel mit hohem Risiko. Das regelmässige Einkommen ist absolut zwingend erforderlich, weil sonst das gesamte „finanzielle Kartenhaus" zusammenbricht. Heute, wo wir über gute Sozialwerke verfügen, kommt in der Regel irgendwoher Unterstützung, wenn das regelmässige Einkommen einmal ausbleibt. Bei Katastrophen stehen einem die Nachbarn und die Mitmenschen bei. Das ist gut und richtig, doch sollte man sich wirklich darauf verlassen? Oder wäre es nicht angebracht, für eine gewisse Sicherheit selbst zu sorgen?

Stellen Sie sich einmal vor, sie bekämen nur noch 80 % – oder sogar 70 % – Ihres momentanen Lohns. Würde das reichen, um Ihre Ausgaben zu decken? Oder kämen Sie in diesem Fall bereits in Bedrängnis?

Tatsächlich decken viele Kranken- und Unfallversicherungen nur 80 % des Lohnes. Auch Ihre Altersrente mit dem zusätzlichen Ertrag aus der Pensionskasse ist auf diesen Wert von maximal 80 % des Einkommens ausgelegt.

Könnten Sie mit diesem reduzierten Einkommen leben? Viele Menschen antworten darauf: „Ja, wenn ich es müsste, könnte ich es." Diesen Menschen wünsche ich viel Glück und dass nie etwas Unvorhergesehenes dazwischen kommt.

Einige wenige antworten jedoch so: „Klar. Ich brauche ja jetzt schon nur 80 % meines Einkommens. Den Rest spare respektive investiere ich." Meist sind das die wirklich reichen Menschen.

Manche werden hier jetzt einwenden, dass diese Menschen halt auch über ein überdurchschnittlich hohes Einkommen verfügen. Das trifft in den meisten Fällen zu. Doch ist es ein bisschen wie bei der Frage nach dem Huhn und dem Ei. Was war zuerst: der sparsame Lebenswandel oder das hohe Einkommen? Meine Erfahrung hat gezeigt, dass ein sparsamer Lebenswandel eigentlich immer ein höheres Einkommen zur Folge hat, allein schon, weil das gesparte Geld, richtig angelegt, auch gute Erträge einbringt. Vielleicht haben Sie den Begriff „passives Einkommen" schon einmal gehört. Einkommen also, für das Sie keine oder nur sehr wenig

Zeit investieren müssen. Dieses Thema vertiefen wir dann im Kapitel 2.14 ab Seite 80.

Dieses Buch ist nun also gedacht für jene Menschen, die ihre finanziellen Verhältnisse selbst in die Hand nehmen wollen. Für jene Menschen, die irgendwann finanziell unabhängig sein möchten. Für Menschen, die selbst die Verantwortung für ihre finanzielle Situation übernehmen.

Das geht nicht von jetzt auf gleich. Das braucht Zeit, Training und den Willen, sein Ziel zu erreichen. Und es braucht Ausdauer! Sich selbst ein finanziell sorgenfreies Leben zu erschaffen, braucht Geduld. Es wird Rückschläge geben, lieb gewonnene Gewohnheiten müssen vielleicht abgelegt werden, manchen Komfort opfert man, um Ressourcen für die Zukunft zu schaffen.

Wenn Sie zu den Menschen gehören, die dies alles in Kauf nehmen, um finanziell frei und unabhängig zu sein, dann sollten Sie sich durch dieses Buch arbeiten.

Es beleuchtet alle wesentlichen Lebensbereiche und zeigt die jeweiligen Sparpotenziale auf. Es steht natürlich jedem frei, diese Potenziale zu nutzen oder eben nicht. Und natürlich sollen Sie auch ihre Belohnung für Ihre Anstrengung erhalten und sich auch einen gewissen Luxus leisten können. Wozu sollten Sie sonst diesen ganzen Aufwand betreiben?

Wie sich gezeigt hat, sagen die meisten Menschen, sie könnten auch mit 80 % ihres Einkommens leben, wenn es denn sein muss. Denen möchte ich hier gleich eins sagen: Es muss sein! Nur so haben Sie die Chance, irgendwann finanziell unabhängig von einer bezahlten Arbeit zu sein! Alles andere ist eine Wette darauf, ob die Allgemeinheit Sie in Zukunft unterstützt oder nicht. Wollen Sie wirklich Ihr Leben lang abhängig von den Zahlungen anderer sein? Oder wollen Sie ein selbstbestimmtes und finanziell unabhängiges Leben?

Je früher sie damit beginnen, umso schneller erreichen Sie dieses Ziel. Und deshalb habe ich dieses Buch geschrieben. Mit ganz vielen Tipps für Menschen, die aus eigener Kraft finanziell unabhängig werden wollen.

1.4 Was heisst finanziell unabhängig?

Das ist so individuell wie die Menschen. Manche haben das Ziel, ein schönes Haus zu besitzen, einen flotten Sportwagen in der Garage und ein Boot auf dem Meer. Andere halten sich für reich, wenn sie unbegrenzt Zeit zur Verfügung haben, um anderen zu helfen.

In den meisten Fällen geht es wohl darum, über genug Geld zu verfügen, um von einem regelmässigen Arbeitseinkommen unabhängig zu sein. Das heisst nicht, dass es kein regelmässiges Einkommen mehr gibt, sondern dass keine Arbeitszeit mehr dafür eingesetzt wird, oder zumindest deutlich weniger.

Unser Ziel muss es also sein, Geld zu erwirtschaften und dieses Geld so sinnvoll zu investieren, dass es ein passives Einkommen generiert. Das Geld soll für uns arbeiten, anstatt dass wir für das Geld arbeiten.

Dafür gibt es verschiedene Anlageformen, die je nach Risikobereitschaft mehr oder weniger Zins oder passives Einkommen einbringen:

- Sparkonten
- Obligationen / Staatsanleihen
- Aktien / Aktienfonds
- Liegenschaften
- Automaten (z. B. Autowaschanlage / Getränkeautomat)
- Network-Marketing-Systeme

Wichtig ist, dass Sie zuerst ein Startkapital respektive Vermögen brauchen, das Zinsen einbringt, die wir als passives Einkommen für uns verwenden können. Ihr Ziel muss es sein, das Kapital nicht anzurühren, sondern nur von den Zinsen zu leben.

In einem ersten Schritt sollten Sie sich also klar werden, wie viel Geld Sie investieren müssen, um Ihr Ziel zu erreichen.

Setzen Sie den Betrag fest, über den Sie monatlich verfügen wollen. Viele setzen für diesen Betrag ihr aktuelles Einkommen ein. Verwenden Sie dazu einen Bleistift, damit Sie später korrigieren können:

Mein passives Einkommen (P) = _____ Franken pro Monat

Wichtig dabei ist vor allem das Wort **passiv**. Sie werden sich erst finanziell unabhängig fühlen, wenn Sie dieses Einkommen ohne Arbeitsleistung erzielen.

Heisst das jetzt, dass Sie nichts mehr arbeiten sollen? Natürlich nicht! Sie dürfen arbeiten, wann immer Sie wollen. Es gibt Menschen, die sind froh, wenn sie ihren Alltag mit sinnvoller Arbeit ausfüllen können, die sich freuen, anderen zu helfen. Diese Menschen dürfen natürlich weiterhin arbeiten, aber nicht weil sie es müssen, um Geld zu verdienen, sondern weil sie Spass daran haben.

Was würden Sie mir Ihrer Zeit tun, wenn Sie nicht mehr arbeiten müssten, um Ihren Lebensunterhalt zu verdienen? Schreiben Sie auf den folgenden Zeilen Ihre fünf wichtigsten Dinge auf, für die Sie gerne mehr Zeit hätten. Vielleicht wollen Sie gerne in einem sozialen Projekt mitarbeiten, vielleicht wollen Sie die Welt bereisen? Vielleicht wollen Sie in einem Entwicklungshilfeprojekt mitwirken? Oder vielleicht wollen Sie endlich ein Buch schreiben oder sich mehr Zeit für die Familie nehmen?

Lesen Sie bitte erst weiter, wenn Sie Ihre fünf wichtigsten Ziele aufgeschrieben haben. Das Aufschreiben bewirkt, dass die Ziele verbindlicher werden. Durch das Aufschreiben geben Sie Ihren Zielen Gewicht, als ob Sie mit sich selbst einen Vertrag unterzeichnen.

Damit diese Dinge nicht nur Wünsche oder Träume bleiben, sondern zu richtigen Zielen werden, brauchen Sie einen Termin. Ein Termin, bis zu dem Sie diese Ziele erreicht haben, bringt noch mehr Verbindlichkeit hinein.

Wollen Sie nicht direkt ins Buch schreiben, so können Sie Ihre Ziele auch auf einem separaten Blatt notieren. Eine Vorlage finden Sie auf www.sparenmachtspass.ch zum Download.

Ich, _____ (Ihr Name), werde bis zum

_____ (Datum) folgende Ziele erreichen:

1) _____

   _____

2) _____

   _____

3) _____

   _____

4) _____

   _____

5) _____

   _____

Reicht das passive Einkommen, das wir zuvor festgelegt haben, um diese Ziele zu erreichen? Wenn nein, korrigieren Sie es jetzt. Legen Sie den Betrag fest, den Sie monatlich zur Verfügung haben müssen.

Damit Sie dieses passive Einkommen erzielen, müssen Sie also ein Vermögen angelegt haben, das regelmässig Zinsen abwirft. Da gibt es unterschiedliche Strategien, die je nach Ihrer Risikobereitschaft und Ihren finanziellen Möglichkeiten unterschiedlich viel Ertrag einbringen.

Sparkonto: zur Zeit kein Zins
Obligationen: zur Zeit maximal 0.5 %
Aktienmarkt: variabel, bis zu 10 %
Immobilien: bis zu 10 %

Wichtig zu wissen: Glauben Sie niemandem, der Ihnen etwas verkaufen will. Was viel Gewinn verspricht, enthält ein hohes Risiko. Je höher der versprochene Gewinn, umso grösser ist das Risiko, das Sie eingehen. Es gibt Aktienfonds, die im Rückblick eine wunderbare Performance hingelegt haben, das ist trotzdem keine Garantie, dass sie sich in Zukunft genauso gut entwickeln.
Legen Sie Ihr Geld in verschiedenen Anlagen mit grossen und kleinen Risiken an. Setzen Sie nicht alles auf eine Karte. Kaufen Sie ein paar Aktien oder Anteile eines Aktienfonds, stellen Sie einen Verkaufsautomaten auf, gründen Sie einen Webshop, kaufen Sie Immobilien oder Anteile daran.

Nehmen wir eine durchschnittliche Rendite von 5 % pro Jahr an. Das ist eine vorsichtige Schätzung. Je nach Entwicklung am Kapitalmarkt müssen Sie diese Zahl nach oben oder unten anpassen.

Nun rechnen wir aus, welches Vermögen Sie brauchen, um Ihr gewünschtes passives Einkommen zu erhalten, und zwar mit dieser Formel:

$$\frac{\text{passives Monatseinkommen (P) x } 12}{\text{durchschnittlicher Zins in } \%} = \text{benötigtes Vermögen}$$

Wenn Sie also 5'000 Franken pro Monat mit einem durchschnittlichen Zins von 5 % erzielen wollen, benötigen Sie ein Vermögen von 1.2 Mio. Franken.

Sie wissen jetzt also, wie viel Geld Sie ansparen müssen, bis Sie Ihr gewünschtes Einkommen aus den Zinsen bestreiten können. Diese Zahl kann auf den ersten Blick unglaublich hoch erscheinen, im nächsten Kapitel werden Sie jedoch feststellen, dass es durchaus möglich ist, dieses Ziel innert nützlicher Frist zu erreichen.

Um diese Aufgabe jetzt abzuschliessen, formulieren Sie jetzt Ihr Ziel noch einmal neu mit konkreten Zahlen:

Ich, _____ (Ihr Name), werde bis zum

_____ (Datum) über ein investiertes Vermögen von

_____ (benötigtes Vermögen) oder mehr verfügen.

Vielleicht ist Ihnen aufgefallen, dass wir hier noch einen kleinen Zusatz eingefügt haben, nämlich die beiden Wörter **oder mehr**. Begrenzen Sie niemals Ihr Vermögen oder Ihr Einkommen nach oben. Lassen Sie in Ihrer Zielsetzung immer etwas Spielraum, um das Ziel nach oben zu übertreffen. Es hat sich gezeigt, dass viele Menschen diese Begrenzung unbewusst setzen und sich selbst deshalb immer wieder sabotieren. Aus diesem Grund sollten Sie bei jedem finanziellen Ziel, das Sie sich setzen, immer die beiden Wörter **oder mehr** hinzufügen.

1.5 Erster Schritt: Analyse der Ist-Situation

Stellen Sie sich vor, Sie müssten mit Ihrem Auto in eine Stadt, z. B. Paris, fahren und sind irgendwie vom Weg abgekommen. Wenn Sie jetzt ein Navigationssystem hätten, würden Sie ganz schnell wieder auf den richtigen Weg zurück finden. Aber zum Glück haben Sie wenigstens noch eine Strassenkarte dabei. Was tun Sie also? Sie schnappen sich die Karte und suchen den richtigen Weg nach Paris. Eigentlich ganz einfach, oder? Das Dumme ist nur, dass Sie zuerst herausfinden müssen, wo auf der Karte Sie sich gerade befinden.

Genau gleich ist es mit Ihrer finanziellen Situation. Sie haben Ihr Ziel bestimmt und waren auch schon auf dem Weg dorthin. Aber wissen Sie, wo auf Ihrem Weg Sie sich befinden? Sind Sie schon in der Nähe Ihres Ziels oder noch weit davon entfernt?

Um herauszufinden, wo Sie sich im Moment ungefähr befinden, sollten wir mal ansehen, was Sie in Ihrem Leben bis jetzt eingenommen haben.

Vielleicht wissen Sie noch von allen Ihren bisherigen Jobs, wie viel Sie damit verdient haben. Wenn Sie es nicht wissen, reicht es, wenn Sie die Zahlen jeweils ungefähr schätzen.

Rechnen Sie jetzt aus, wie viel Sie brutto in Ihrem Leben bis jetzt verdient haben, indem Sie alles zusammenzählen. Denken Sie daran, dass Sie vielleicht einen 13. Monatslohn, Boni oder Jubiläumsprämien erhalten haben. Schreiben Sie die Gesamtsumme hier auf:

Ich habe in meinem Leben bis jetzt .... (Betrag) bekommen.

Abhängig davon, wie lange Sie schon berufstätig sind, steht hier jetzt eine erstaunlich hohe Zahl. Und jetzt stellen Sie sich die Frage: **Wo ist dieses Geld jetzt?**

Wenn Sie sich so verhalten haben wie die meisten Menschen, ist der Grossteil dieses Geldes längst wieder ausgegeben, aber hoffentlich nicht alles. Einiges ist vielleicht als Vermögen bei Ihnen geblieben. Das sehen Sie am einfachsten auf Ihrer Steuererklärung beim Punkt **Reinvermögen**.

Jetzt stellt sich die Frage: Wo ist das ganze Geld hin?

Das finden wir heraus mit dieser Übung. Dafür nehmen Sie sich in den nächsten drei bis zwölf Monaten jeden Tag ein paar Minuten Zeit. Ich weiss, das klingt jetzt nach viel Arbeit, aber ich versichere Ihnen: Es lohnt sich! Sie werden viele Einsichten haben und ganz genau herausfinden, wohin Ihr Geld fliesst.

Wenn es schneller gehen soll, versuchen Sie rückblickend herauszufinden, wofür Sie Ihr Geld in den letzten Monaten ausgegeben haben. Das reicht, um einen kurzen Überblick zu gewinnen. Es hat sich aber gezeigt, dass geschätzte Zahlen in der Regel zu tief sind. Deshalb sollten Sie sich die Zeit nehmen, mit effektiven Zahlen zu arbeiten.

Schreiben Sie in Zukunft jeden Tag genau auf, wofür Sie Ihr Geld ausgeben. Ich habe das damals ein ganzes Jahr lang gemacht und hatte ganz erstaunliche Einsichten. Aus dem Bauch heraus meint man, jene Posten zu kennen, die das grosse Geld verschlingen, doch wenn Sie diese Übung machen, kann es sein, dass Sie Ihr finanzielles Verhalten von Grund auf überdenken wollen. Sie werden erkennen, wo grosse Sparpotenziale liegen.

Teilen Sie alle Ausgaben diesen Rubriken zu:

1.   Wohnen

Hier kommen alle Ausgaben für Ihre Miete (ohne Parkplatz), Nebenkosten, Strom, Wasser, Möbel. Wenn Sie im Eigenheim wohnen, berechnen Sie statt der Miete die Hypothekenkosten, also Zinsen und Amortisation sowie den Unterhalt.

2.   Lebensmittel / Haushaltsprodukte

In diese Rubrik gehören alle Lebensmittel, die Sie kaufen. Wenn Sie über Mittag in einem Restaurant oder einer Kantine essen, gehört dieser Betrag auch in diese Rubrik. Dann der gesamte Hauhaltsbedarf: Reinigungsmittel, Körperpflegeprodukte, Staubsauger, Kaffeemaschine, Pfannen und Töpfe, Geschirr etc. Was nicht dazu gehört, sind Alkohol, Tabak und Süssigkeiten, diese gehören in die Rubrik Suchtmittel weiter unten.

3.   Steuern

Es ist immer wieder erstaunlich, wie viele Menschen von der Steuerrechnung überrascht werden. Dabei ist diese Rechnung wohl die zuverlässigste von allen. Sie kommt jedes Jahr pünktlich zur gleichen Zeit und man kann relativ genau abschätzen, wie hoch sie sein wird.

4. Versicherungen

Ich empfehle Ihnen hier eine Unterteilung in obligatorische Versicherungen wie die Gebäudeversicherung sowie die freiwilligen Versicherungen wie Rechtsschutz, Reiseversicherung etc.

5. Gesundheitskosten

Auch hier kann es sich lohnen, zwischen obligatorischer Grundversicherung und Zusatzversicherungen zu unterscheiden. Darüber hinaus gehören natürlich sämtliche selbst bezahlten Gesundheitskosten in diese Rubrik: Franchise, Schnupfenspray, Zahnarzt etc.

6. Auto / Mobilität

Wenn Sie ein Auto besitzen, hilft Ihnen diese Rubrik, die effektiven Kilometerkosten zu berechnen. Notieren Sie alle Benzinkosten, die Autoversicherung, die Motorfahrzeugsteuer, die Parkgebühren, Service- und Reparaturkosten. Notieren Sie am Anfang und Ende des Jahres den Kilometerstand Ihres Wagens, dann können Sie ganz einfach die effektiven Kosten pro Kilometer berechnen. Normalerweise ergibt das einen Betrag zwischen 60 und 90 Rappen pro Kilometer. Ebenfalls in diese Rubrik gehören natürlich sämtliche Ausgaben für Fahrten mit dem öffentlichen Verkehr, sofern es sich nicht um Ferienreisen handelt.

7. Spass / Unterhaltung / Sport / Ferien

Kino, Theater, Konzerte, Fussballspiele, was auch immer Ihnen Spass macht, schreiben Sie in diese Rubrik. Ausgaben für Ihr Fitness-Abo gehören genauso hier hinein wie die neuen Laufschuhe oder das Longboard. Dann gehören dazu auch Ihre gesamten Ausgaben für Ferien und Ausflüge.

8. Luxusartikel

Vielleicht sammeln Sie etwas? Kunst, Schmuck, Uhren, Pelzmäntel oder auch Kaffeerahmdeckeli, Münzen oder Briefmarken. Was auch immer Sie nicht zum Leben brauchen, sondern einfach kaufen, um es zu besitzen, ist Luxus. Und das gehört in diese Rubrik.

9. Medien

Hierzu gehört der Fernseher, das Handy, die Spielkonsole, das Zeitungsabo, das Handy-Abo, Internet-Kosten, TV-Gebühren und Ähnliches.

10. Weiterbildung

Wenn diese Rubrik leer bleibt, sollten Sie darüber nachdenken, wie wichtig die Weiterbildung ist. Nur wer sich weiterbildet, hat auf Dauer im Arbeitsmarkt eine Chance. Das muss nicht unbedingt immer nur eine Schule sein, das kann auch ein Buch wie dieses sein. Sach- und Fachbücher gehören auch in diese Kategorie.

11. Sparen

Haben Sie ein Sparkonto? Zahlen Sie regelmässig auf ein Sparkonto oder in eine Lebensversicherung ein? Dann erfassen Sie die Beträge hier.

12. Suchtmittel

Hier gehören nun die ganzen Suchtmittel hinein, hauptsächlich Tabak und Alkohol, aber auch Süssigkeiten.

13. Spenden

Spenden an Wohltätigkeitsorganisationen, politische Parteien und Ideen. Es gibt viele Arten von Spenden und ich vertrete die Meinung, man sollte regelmässig einen Teil seines Einkommens für wohltätige Zwecke spenden. Aus dem einfachen Grund, dass sich Glück vermehrt, wenn man es teilt.

14. Schuldzinsen

Die Hypozinsen sind bereits beim Wohnen berücksichtigt. Bezahlen Sie darüber hinaus noch Zinsen für Konsumkredite, Leasingraten für Ihr Auto, Zinsen für Kreditkartenschulden oder negative Kontosaldi auf Ihrem Bankkonto?

Natürlich ist das jetzt mit ziemlich viel Arbeit verbunden. Sie können sich allerdings eine Vorlage für Microsoft Excel oder OpenOffice Calc auf www.sparenmachtspass.ch herunterladen.

Warum ist diese Übung so wichtig?

Nur wenn Sie wissen, wohin ihr Geld fliesst, können Sie den Geldfluss kontrollieren. Es ist absolut unerlässlich, dass Sie die Verantwortung für Ihre Ausgaben übernehmen.

Natürlich gibt es Menschen, die diese Analyse nicht brauchen. Jene Menschen nämlich, die einfach ausgeben, solange Geld da ist. Aber wem es wichtig ist, in Zukunft ein Leben ohne Geldsorgen zu leben, der wird sich gerne diese Zeit nehmen. Weil nur diejenigen wirklich erfolgreich sparen, die wissen, wohin ihr Geld fliesst.

Wie sieht die ideale Verteilung der Ausgaben aus?

Eine ideale Verteilung hängt natürlich stark von Ihrem persönlichen Einkommen ab. Wenn Sie diese Aufteilung anstreben, sind Sie auf einem guten Weg:

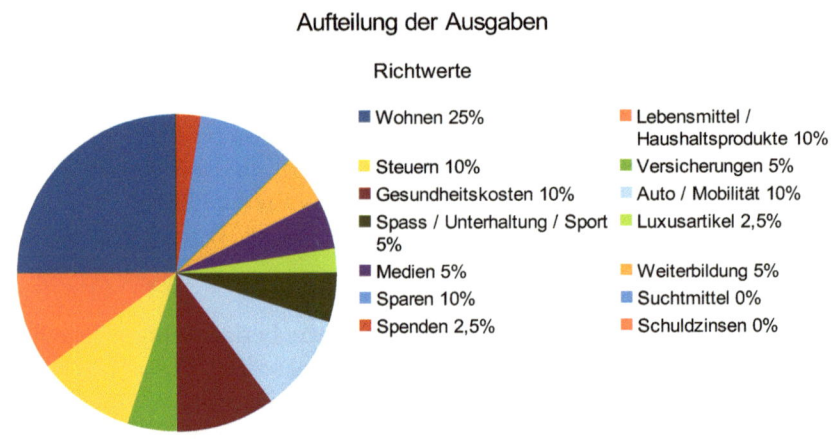

Aufteilung der Ausgaben

Richtwerte

- Wohnen 25%
- Lebensmittel / Haushaltsprodukte 10%
- Steuern 10%
- Versicherungen 5%
- Gesundheitskosten 10%
- Auto / Mobilität 10%
- Spass / Unterhaltung / Sport 5%
- Luxusartikel 2,5%
- Medien 5%
- Weiterbildung 5%
- Sparen 10%
- Suchtmittel 0%
- Spenden 2,5%
- Schuldzinsen 0%

Was tun, wenn Ihr Gehalt dafür nicht ausreicht? Streichen Sie, wo Sie wollen, nur die 10 % fürs Sparen, die lassen Sie in jedem Fall sein. Fahren Sie weniger Auto, hören Sie auf zu rauchen, kündigen Sie Versicherungen, die Sie nicht brauchen, spenden Sie weniger, essen Sie weniger Fleisch, sparen Sie, wo Sie wollen, nur rühren Sie das Sparkonto nicht an! Legen Sie auf jeden Fall 10 % Ihres Einkommens auf ein Sparkonto und lassen Sie das dort! Dieses Geld rühren Sie nur an, um es in Ihre Zukunft zu investieren respektive in den Aufbau eines passiven Einkommens.

Nachdem wir uns nun damit beschäftigt haben, wie Sie erkennen, wo Sie Ihr Geld ausgeben, können wir uns jetzt darum kümmern, dass Sie weniger ausgeben für die jeweiligen Bereiche.

2. Sparpotenziale finden

2.1 Sparen beim Wohnen

Die Wohnungsmiete oder die Hypothekarzinsen gehören immer zu den grössten Ausgabenposten. Dabei kann man hier ganz schön Geld sparen.

Alleine der Ort, wo die Wohnung oder das Haus stehen, ist manchmal schlecht gewählt. Stellen wir uns einmal zwei junge Frauen vor. Sie arbeiten zusammen im gleichen Büro. Stefanie wohnt in einer Stadtwohnung ganz in der Nähe des Büros. Sie bezahlt 1'800 Franken für ihre Wohnung und geht meist zu Fuss zur Arbeit. Ihre Kollegin Rita wohnt ausserhalb, wo die Mieten tiefer sind. Ihre Wohnung ist etwa gleich gross wie die von Stefanie, kostet aber nur 1'400 Franken. Dafür braucht sie jeweils eine Stunde für die An- und Rückfahrt zum Büro.

Rita ist sparsam, würde man auf den ersten Blick denken. Dies stimmt aber nur, wenn sie den Weg ins Büro per Bahn, Bus oder Tram zurücklegt. Fährt sie mit dem eigenen Auto, sieht die Rechnung ganz anders aus. Dann schlagen die Fahrkosten mit mindestens 60 Rappen pro Kilometer zu Buche. Da kommt schnell viel zusammen. Wohnt sie 25 km vom Büro entfernt, kostet alleine ihr Auto 600 Franken pro Monat. Sollte sie darüber hinaus noch einen Parkplatz mieten müssen, kommt dieser noch dazu.

Fragen Sie sich: Warum wohnen Sie dort, wo Sie wohnen? Ist es einfach die Bequemlichkeit. Scheuen Sie den Aufwand eines Umzugs? Gibt es andere Faktoren, die Sie von einem Wohnungswechsel abhalten? Wollen Sie es sich leisten, diese Wohnung zu behalten? Und wenn ja, können Sie es sich leisten?

Machen Sie es wie Stefanie oder wie Rita? Was ist für Sie die passendere Lösung. Analysieren Sie Ihre Situation im Vergleich zu Stefanie und Rita mit der folgenden Tabelle:

	Stefanie	Rita	Sie
Wohnungsmiete	1800	1400	
Fahrtkosten Auto (60 Rp. / km)		600	
Parkplatz beim Arbeitsort		40	
Fahrtkosten ÖV (Monatsabo)	60	0	
Monatliche Kosten	**1860**	**2040**	

Natürlich sind hier lieb gewonnene Gewohnheiten betroffen. Es kann schwer fallen, diese Situation zu überdenken und zu ändern. Vielleicht denken Sie jetzt, dass Sie alles andere ändern, aber nicht ihre Wohnsituation. Auch gut! Das ist ganz allein Ihre Entscheidung.

Bedenken Sie einfach: Ihre bisherigen Entscheidungen in Ihrem Leben haben Sie genau dort hin gebracht, wo Sie jetzt sind. Wenn Sie damit zufrieden sind, lassen Sie es so. Wenn Sie es lieber anders hätten, beginnen Sie mit der Veränderung am besten gleich jetzt.

Vielleicht wohnen Sie jedoch im Eigenheim und wollen nicht wegen des Jobs das Haus verkaufen. Dann könnten Sie natürlich, wenn Sie mal die Stelle wechseln, auf die Nähe zu Ihrem Wohnort achten. Unter Umständen könnten Sie eine kleine Lohneinbusse leicht mit den Fahrtkosten kompensieren. Nehmen Sie diese Tabelle zur Hand und rechnen Sie es nach. Es lohnt sich!

Sparen im Eigenheim

Die bisherigen Beispiele beschäftigten sich mit Mietern. Wie sieht es aber aus, wenn Sie im Eigenheim wohnen? Immerhin haben Sie ja einmal investiert in ein Haus oder eine Wohnung. Leider stimmt das nicht ganz.

Sie selbst haben nicht investiert, sondern nur Geld ausgegeben. Eine Investition ist eine Anlageform. Mit einer Anlage verdient man normalerweise Geld in Form von Zinsen, Dividenden oder Ähnlichem. Wenn etwas aber nur Geld kostet, ohne etwas einzubringen, ist es keine Investition. Doch jemand hat in Ihr Haus investiert, nämlich die Bank, die Ihnen eine Hypothek angeboten hat. Sie bekommen von der Bank das Geld und bezahlen dafür regelmässig Zinsen. Für die Bank eine Investition, für Sie eine Schuld.

Lösen Sie sich also von dem Gedanken, dass jeder Franken, den Sie für Ihr Haus ausgeben, eine Investition ist. Dem ist nicht so! Stellen Sie sich vor, Sie haben ein älteres Haus für 800'000 Franken gekauft und eine nagelneue Küche für 30'000 Franken eingebaut. Ist das Haus nun 830'000 Franken wert? Vielleicht? Aber nicht wegen Ihrer Küche, sondern wegen der Entwicklung am Immobilienmarkt. Genauso gut könnte Ihr Haus mit der neuen Küche nur noch 600'000 Franken wert sein, wenn inzwischen direkt daneben eine Autobahn gebaut worden ist.

Trotzdem kann ein Eigenheim natürlich ein sinnvoller Kauf sein. Je nach Zinssituation am Hypothekenmarkt können Sie Ihre monatlichen Kosten drastisch reduzieren, wenn Sie ein Eigenheim kaufen, anstatt eine Wohnung zu mieten. Vor allem, wenn Sie bei der Auswahl Ihrer Hypothek den Aufwand nicht scheuen, verschiedene Angebote zu prüfen. Die kleinen Zahlen vor dem Prozentzeichen verleiten nämlich zum Schluss, dass es sich dabei um Kleinigkeiten handelt. Dem ist aber bei Weitem nicht so. Nehmen wir einmal an, Sie hätten eine Hypothek über 600'000 Franken. 0,1 % von 600'000 Franken sind 600 Franken, die Sie jedes Jahr sparen können. Oder anders gesagt: Wenn Sie eine längerfristige Hypothek abschliessen und dafür 0,5 % mehr bezahlen, geben Sie jedes Jahr 3'000 Franken mehr aus für die gleiche Leistung! Rechnen Sie das auf die gesamte Laufzeit der Hypothek hoch. Dafür tragen Sie bei einer kurzfristigen Hypothek ein gewisses Risiko. Wenn die Zinsen steigen, müssen Sie nach Ablauf der kurfristigen Hypothek mehr bezahlen. Doch dieses Risiko haben Sie genauso, ob Ihre Hypothek nach 3, 5 oder 10 Jahren abläuft.

Grundsätzlich gilt: Trägt die Bank das höhere Risiko, sind die Zinsen höher. Tragen Sie das grössere Risiko, sind die Zinsen tiefer. Was soll man jetzt also tun? Vielleicht hilft Ihnen dieses Beispiel:

Drei Freunde haben sich je ein Einfamilienhaus in einer Neubausiedlung gekauft. Alle drei haben für 600'000 Franken eine Hypothek. Franz ist risikofreudig und schliesst eine 2-Jahres-Hypothek ab für 1,1 %. Stefan möchte lieber längerfristig wissen, welche Belastung er zu tragen hat und entscheidet sich für eine 5-Jahres-Hypothek zu 1,45 %. Robert geht auf Nummer sicher, er nimmt die 10-Jahres-Hypothek zu 1,75 %.

Schauen wir uns an, was diese drei im Laufe der nächsten 10 Jahre bezahlen, wenn sich die Zinsen in diesen zehn Jahren verdoppeln:

	Franz		Stefan		Robert	
Jahr	%	Fr.	%	Fr.	%	Fr.
1	1.1	6'600	1.45	8'700	1.75	10'500
2	1.1	6'600	1.45	8'700	1.75	10'500
3	1.3	7'800	1.45	8'700	1.75	10'500
4	1.3	7'800	1.45	8'700	1.75	10'500
5	1.5	9'000	1.45	8'700	1.75	10'500
6	1.5	9'000	1.85	11'100	1.75	10'500
7	2	12'000	1.85	11'100	1.75	10'500
8	2	12'000	1.85	11'100	1.75	10'500
9	2.2	13'200	1.85	11'100	1.75	10'500
10	2.2	13'200	1.85	11'100	1.75	10'500
Total		**97'200**		**99'000**		**105'000**

Obwohl Franz nach 10 Jahren einen deutlich höheren Zinssatz bezahlt als seine beiden Freunde, hat er doch insgesamt am wenigsten Zinsen bezahlt. In diesem Fall hat sich das Risiko für ihn gelohnt. Natürlich könnte die Steigerung auch deutlich höher sein oder deutlich tiefer.

Wenn Franz sich selber für das Risiko absichern wollte, hätte er die Differenz zum Zinssatz von Robert auf sein separates Sparkonto gelegt. Daraus hätte er dann jeweils die Zinsteuerung abgefangen und hätte am Schluss dieser 10 Jahre immer noch 7'800 Franken auf dem Konto. Genug für eine schöne Ferienreise oder noch besser als Reserve für die nächste Zinserhöhung.

Diese Zahlen sind natürlich hypothetisch. Niemand kann so genau voraussagen, wie sich der Hypothekarmarkt in den nächsten 10 Jahren entwickelt.

Deshalb bekommen Sie hier auch keine konkrete Empfehlung. Sie bekommen lediglich eine Grundlage für Ihre Entscheidung. Am Ende müssen Sie selbst wissen, welches Risiko Sie zu tragen bereit sind.

Reparaturen / Umbauten

Es gibt Menschen, die glauben, dass der Preis für einen Umbau des Hauses einen Bezug hat zum Wert des Hauses. In vielen Fällen ist das aber nicht so. Wenn Sie in Ihrem Haus die Fenster ersetzen, eine neue Küche oder eine nagelneue Badewanne mit Whirlpoolfunktion einbauen, sind das alles wunderbare Extras, die allerdings den Wert des Hauses – wenn überhaupt – nur geringfügig verändern.

Richtig unsinnig wird es dann, wenn Sie Ihr Haus verkaufen wollen und extra noch die Badezimmer renovieren, um den Wert des Hauses etwas zu erhöhen. Lassen Sie es sein und reduzieren Sie den Verkaufspreis etwas. Der Käufer kann dann die Badezimmer nach seinen Wünschen umbauen und nicht nach Ihren. Das dient beiden und im Endeffekt haben Sie trotz des Preisnachlasses mehr Geld auf dem Konto.

Natürlich muss man das Haus manchmal renovieren. Aber muss es immer das Teuerste oder Luxuriöseste sein? Es ist ein toller Familienevent, wenn Sie gemeinsam die Wände neu streichen. Da brauchen Sie nicht unbedingt einen professionellen Maler. Im Internet gibt es viele Ratgeber-Videos, die Ihnen genau erklären, wie Sie vorgehen müssen, um ein gutes Resultat zu erzielen.

Wenn Sie sich das dennoch nicht zutrauen, können Sie auch mit dem Maler vereinbaren, dass Sie mithelfen, zum Beispiel beim Abkleben der Böden. Da investieren Sie etwas Zeit und vielleicht macht das sogar Spass. Dafür spart der Maler viel Zeit, die er dann auch nicht berechnen muss. Mit etwas Kreativität können Sie einiges selbst tun. Und für alles andere gilt: Verhandeln Sie! Diskutieren Sie über die Preise, versuchen Sie einen Preisnachlass zu bekommen. Dazu aber mehr im separaten Kapitel über Verhandlungen ab Seite 95.

Prüfen Sie, ob Sie Fördergelder erhalten

Wenn Sie wirklich renovieren wollen oder müssen, sollten Sie prüfen, ob es irgendwelche Fördergelder gibt. Je nach Kanton oder Wohnort können Sie von verschiedenen Fördergeldern profitieren. Energiesparmassnahmen oder die Verwendung von erneuerbaren Energien werden von vielen Kantonen oder vom Bund gefördert. Vielleicht gibt es sogar eine doppelte Chance zum Sparen für Sie: Wenn Sie beispielsweise eine Solaranlage zur Heizungsunterstützung installieren, bekommen Sie eventuell Fördergelder und benötigen erst noch weniger Energie im Betrieb.

Oder Sie installieren eine Photovoltaik-Anlage und produzieren Ihren Strom selbst. Das ist inzwischen erschwinglich und je nach Sonneneinstrahlung können Sie sogar mehr Strom produzieren, als Sie übers Jahr verbrauchen, und den überschüssigen Strom Ihrem Stromanbieter verkaufen. Dann verdienen Sie mit Ihrem Haus sogar noch etwas dazu.

Die vielen kleinen Sparmöglichkeiten des Alltags
Wasser

Wenn Sie nur etwas aufmerksam sind, können Sie mit Ihrem alltäglichen Verhalten ganz schön sparen. Ergänzen Sie die Wasserhähne in ihrem Haus mit einem Spareinsatz. Das senkt den Wasserverbrauch enorm.

Strom

Achten Sie auf Ihren Stromverbrauch: Jede Lampe, die Sie nicht benötigen, sollte auch ausgeschaltet sein. Selbst eine, die nur wenig Strom verbraucht, kann übers Jahr gesehen ganz schön viel Geld kosten. Eine einzelne 11-W-Energiesparlampe, die jeden Tag eine Stunde zu lang brennt, braucht übers Jahr 4 kWh Strom.

Heizung

Gibt es Räume, die Sie kaum benutzen? Dann drehen Sie in diesen Räumen die Heizung tiefer. 16 – 18 °C reichen vollkommen für einen unbenutzten Raum. Achten Sie dann aber auf jeden Fall darauf, dass Sie die Türe stets geschlossen halten, damit die Wärme in den anderen Räumen nicht verloren geht.

Lüften

Es sollte sich inzwischen eigentlich herumgesprochen haben, aber zur Sicherheit steht es hier einfach auch noch drin: Stosslüften ist die effektivste und energiesparendste Art, Frischluft ins Haus zu lassen und die verbrauchte Luft hinaus zu befördern. Dazu schaffen Sie Durchzug. Lassen Sie fünf Minuten lang die Luft frei durch Ihr Haus oder Ihre Wohnung zirkulieren. Dann schliessen Sie die Fenster wieder. Das bringt ausreichend Frischluft für den Tag und durch die kurze Dauer kühlen sich Wände und Möbel nicht ab, sodass die Zimmer schnell wieder angenehm warm sind.

Möbel und Einrichtung

Teppiche und Möbel sind hervorragende Gestaltungselemente, die für den besonderen Wohlfühlfaktor im Zuhause sorgen. Doch was tun, wenn es einfach mal etwas anderes sein soll? Es gibt Menschen, die brauchen alle paar Jahre etwas Neues. Das bedeutet aber nicht, dass sie jedes Mal alles ersetzen müssen. Manchmal reicht es, wenn Sie einzelne Räume einfach umstellen. Richten Sie Ihr Wohnzimmer oder ihr Schlafzimmer alle paar Jahre neu ein, indem Sie vorhandene Möbel neu arrangieren. Dann vielleicht noch eine farbliche Neugestaltung der Wände und schon wohnen Sie anders, ohne gleich ein Vermögen für neue Möbel auszugeben. Probieren Sie es aus!

2.2 Lebensmittel / Haushalt / Bekleidung

In den alltäglichen Dingen des Lebens liegt viel Sparpotenzial, wenn man sich nur die Zeit nimmt, genau hinzuschauen. In diesem Kapitel kümmern wir uns jetzt ums Essen und um die Haushaltsführung.

Lebensmittel

Hier ist eine Familie leicht im Vorteil, weil durch grössere Mengen oft günstigere Preise erzielt werden können. Doch auch in Kleinhaushalten kann man mit etwas Kreativität und Übung richtig gut Geld sparen. Generell gilt, dass Sie normalerweise mit Eigenmarken der verschiedenen Anbieter günstiger fahren. Doch auch wenn Sie auf Bio-Qualität oder regionale Produkte Wert legen, können Sie beim Einkaufen durch eine Änderung Ihrer Gewohnheiten Geld sparen.

Planen hilft sparen

Kaufen Sie nach Möglichkeit nur ein Mal pro Woche ein. Planen Sie Ihre Menüs für die kommende Woche, schreiben Sie einen genauen Einkaufszettel und kaufen Sie genau das, was draufsteht, nicht weniger, aber auch nicht mehr. Das schützt Sie vor Spontankäufen, bei denen Sie Dinge kaufen, die Sie gar nicht brauchen. Bedenken Sie: Am billigsten ist das, was Sie nicht kaufen!

Wenn Sie Ihre Einkäufe planen, kommen Sie nicht in Verlegenheit, noch schnell zur Tankstelle oder zum Bahnhof fahren zu müssen, um etwas Fehlendes zu kaufen. Dort ist es oft deutlich teurer als im Einkaufszentrum.

Sich im Laden zurechtfinden

Seien Sie vorsichtig mit Aktions-Regalen. Dort stehen preisreduzierte Produkte, die oftmals teurer sind als die Eigenmarken des jeweiligen Grossverteilers. Vergleichen Sie trotzdem, auch wenn das Wort *Aktion* draufsteht.

Wenn Sie durch die Regale gehen, sind die teureren Produkte auf Augenhöhe ausgestellt. Schauen Sie ins unterste Fach des jeweiligen Gestells. Oft finden sich dort die Eigenmarken oder generell die günstigere Variante. Qualitativ unterscheiden diese sich oft kaum von den teureren Markenprodukten.

Richtig vergleichen
Vergleichen Sie auf jeden Fall den kg-Preis oder den ml-Preis, wenn Sie Produkte vergleichen. So können Sie sicher sein, dass Sie das günstigere Produkt nehmen.

Aber Vorsicht: Wenn Sie nur 200 g Käse benötigen, kaufen Sie nicht 500 g, auch wenn der kg-Preis dafür günstiger wäre. Wenn Sie für diese 200 Gramm 4.- Franken (20.- pro kg) bezahlen müssen und die 500-g-Packung 9.- Franken (18.- pro kg), sollten Sie die kleinere Packung kaufen. Wenn 200 g Käse nämlich genug sind, haben Sie für 5 Franken weniger eingekauft.

Ähnlich können Sie auch bei abgepacktem Fleisch regelmässig Geld sparen. Wenn Sie eine Packung mit 4 Schnitzeln kaufen, spielt es im Endeffekt keine Rolle, ob jedes davon 150 Gramm oder 165 Gramm schwer ist. Sie werden die vier Schnitzel essen und zufrieden sein. Aber wenn Sie 60 Gramm weniger Fleisch kaufen, sind das je nach kg-Preis bis zu 2 Franken, die Sie damit einsparen können. Das klingt nach wenig, aber wenn Sie das regelmässig tun, bleibt viel Geld bei Ihnen, das sonst einfach weg wäre.

Fertigprodukte / Convenience
Convenience kommt aus dem Englischen und bedeutet Bequemlichkeit. Das heisst, jemand hat Ihnen Arbeit abgenommen und will natürlich dafür bezahlt werden. Kaufen Sie geschnittenen Salat, kostet der schnell bis zu 50 % mehr, bloss weil er schon geschnitten ist. Dafür könnten Sie doch auch selbst zum Messer greifen, oder?

Manches will man aber einfach fertig zubereitet haben, eine Fertigpizza zum Beispiel. Doch auch dort gibt es Sparpotenzial. Statt einer Fertigpizza mit Pilzen und einer mit Salami kaufen Sie einfach zwei Margherita (also nur mit Tomaten und Mozzarella) und belegen sie vor dem Backen selbst noch mit in Scheiben geschnittenen Pilzen oder Salami. Das kann oft günstiger sein und erst noch besser schmecken, weil die Zutaten frischer sind.

Verzichten Sie überhaupt so oft wie möglich auf Fertigprodukte und kochen Sie mit frischen Zutaten. Das ist gesünder und erst noch günstiger.

Eine Frage der Menge

Oft können Sie mit Grosspackungen viel Geld sparen, wenn die Lebensmittel innert nützlicher Frist aufgebraucht sind. Nudeln, Reis, Getreideprodukte, Mehl, Zucker, alle diese Lebensmittel sind lange haltbar. Reis im 5-kg-Pack kostet eventuell weniger als 5 Mal 1 kg, sofern Sie zu Hause genug Platz haben.

Auch beim Fleisch können Sie vielleicht etwas sparen. Wenn Sie Geschnetzeltes kaufen, ist das vermutlich vom gleichen Stück Fleisch wie das Schnitzel oder der Braten. Natürlich hat das jemand von dem Stück abgeschnitten und geschnetzelt und wie wir bereits erfahren haben, tut das niemand gratis, sondern will dafür bezahlt werden. Sie können also auch eine Packung Schnitzel kaufen und davon einmal tatsächlich ein Schnitzel braten und den Rest mit einem scharfen Messer klein schneiden und an einem anderen Tag noch als Geschnetzeltes zubereiten. So erhalten Sie zwei schmackhafte Menüs zum günstigen Preis.

Im Kleinen gross sparen

Wo ich aufgewachsen bin, gibt es das Sprichwort „Kleinvieh macht auch Mist". Was will uns das sagen? Viele kleine Dinge ergeben am Ende auch eine grosse Menge. Für Sie heisst das, dass Sie mit vielen kleinen Beträgen doch zu einer stattlichen Summe kommen. Stellen Sie sich vor, sie kaufen einmal pro Woche 30 Dinge und Sie sparen dabei durchschnittlich je Artikel 60 Rappen, dann sind das pro Woche 18 Franken. Hochgerechnet auf 52 Wochen sind das fast 1'000 Franken im Jahr!

Einkaufen im Ausland

Besonders in der Nähe unserer Landesgrenzen zieht es manche Menschen zum Einkauf ins Ausland, weil vieles dort billiger ist. Das lohnt sich zwar auf den ersten Blick, hinterlässt aber dennoch einen schalen Beigeschmack. Vergleichen Sie die Löhne der Mitarbeitenden, die Produktions- und Kennzeichnungsrichtlinien, beim Fleisch die Tierschutz-Gesetze. Dabei werden Sie oft gute Gründe finden, im eigenen Land einzukaufen. Und seien Sie sich bewusst, dass auch die Fahrt ins Ausland Geld kostet. Rechnen Sie mit mindestens 60 Rappen pro Kilometer, wenn Sie mit dem Auto fahren. Da ist schnell das gesparte Geld wieder verbraucht für die Fahrt.

Zu guter Letzt ist es nur fair, wenn Sie dazu Sorge tragen, dass Ihr in der Schweiz verdienter Franken auch in der Schweiz ausgegeben wird.

Haushaltsprodukte

Bei den Haushaltsprodukten gelten im Grunde die gleichen Regeln wie bei den Lebensmitteln. Grössere Packungen sind oft billiger. Hier können Sie viel Geld sparen, wenn Sie auf die regelmässig wiederkehrenden Aktionen achten. Oft gibt es beim Grossverteiler Ihrer Wahl Multi-Packs zum halben Preis im Angebot. Da sollten Sie zuschlagen. Mit der Zeit entwickeln Sie ein Gefühl dafür, wie lange es dauert bis zur nächsten Preisaktion. So können Sie es schaffen, dass Sie manche Produkte immer nur zum halben Preis kaufen.

Kehricht

In vielen Gemeinden sind heute Gebührensäcke gebräuchlich. Üblicherweise in den verschiedenen Grössen 17 Liter, 35 Liter, 60 Liter und 110 Liter. Oftmals sind diese jedoch zu rund einem Drittel mit Luft gefüllt. Trauen Sie sich, diese richtig zu füllen, nutzen Sie den Platz. Sie werden überrascht sein, wie viel Abfall in einen einzelnen 60-Liter-Sack passt. Kaufen Sie billige Kehrichtsäcke, die Sie jeweils in die Gebührensäcke füllen. So passen normalerweise 3 Säcke à 35 Liter problemlos in einen 60-Liter-Gebührensack. Einzig beim Gewicht sollten Sie darauf achten, dass Sie die Vorgaben einhalten.

Trennen Sie Abfälle sauber. Papier und Karton werden gesammelt, Glas gehört in die Glassammlung, Dosen, PET-Flaschen, Elektronikprodukte und Lampen bringen Sie an die Verkaufsstellen zurück und vielleicht gibt es an Ihrem Ort eine Grüngut-Sammlung oder einen privaten oder öffentlichen Kompostplatz. Nutzen Sie diese kostenlosen Entsorgungsmöglichkeiten. Sie werden staunen, wie wenig Gebührensäcke sie noch brauchen.

Spezialreiniger

Es gibt so viele Spezialreiniger für alle möglichen Anwendungen, dabei kann ein ganz einfacher, billiger Essig das meiste davon auch. Essig in lauwarmem Wasser eignet sich zum Beispiel zum Reinigen von Kühlschränken, Toiletten, Fenstern, Flecken auf Polstermöbeln und auf Kleidern (vorher an einer verdeckten Stelle testen, ob die Farbe hält), in der Waschmaschine kann Essig den Weichspüler ersetzen und Farben wieder strahlen lassen. Allgemein bekannt sind die kalklösenden Eigenschaften des Essigs. Anstatt teurer Entkalkungslösungen hilft handelsüblicher Essig. Achten Sie jedoch darauf, dass Gummidichtungen spröde werden, wenn sie zu lange mit Essig in Kontakt kommen.

Im Internet finden Sie viele Tipps und Hinweise, wie Sie mit einfachsten Mitteln einen teuren Spezialreiniger ersetzen können. Suchen Sie mit Begriffen wie „natürliche Mittel gegen ...flecken auf ...“ oder „Hausmittel gegen ...flecken“.

Bekleidung

Kaufen Sie Ihre Kleider antizyklisch, das heisst, kaufen Sie gegen Ende der Saison, wenn Sie etwas Neues brauchen. Dann können Sie manchmal von Rabatten bis zu 70 % profitieren. Das lohnt sich.

Vielleicht stört es Sie ja nicht, wenn schon jemand Ihre Kleider getragen hat. Dann können Sie auch in Brockenhäusern und Second-Hand-Shops tolle Schnäppchen finden. Besonders wenn Sie Kinder haben, werden Sie die Vorzüge von Second-Hand-Läden schätzen lernen. Weil Kinder so schnell wachsen, müssen Sie Kleider austauschen, obwohl sie eigentlich noch gut sind. Da kann es sinnvoll sein, diese an Tauschbörsen oder in besonderen Kinder-Second-Hand-Läden zu kaufen/verkaufen.

Noch mehr sparen Sie, wenn Sie gar keine neuen Kleider kaufen. Es gibt Menschen, die tauschen jährlich zwei Mal den gesamten Inhalt Ihres Kleiderschranks aus. Da werden noch gute Kleidungsstücke weggeworfen, weil sie nicht mehr gefallen oder aus der Mode sind oder sie passen nicht mehr. Natürlich kann man sich diesen Luxus leisten, wenn es einem wichtig scheint, man sollte dann einfach einen anderen Bereich festlegen, in dem man so viel einspart, dass dieser Luxus wieder ins Budget passt.

Vielleicht finden Sie ja auch jemanden, der mit Ihnen regelmässig die Kleider tauscht. Das wäre dann eine Win-Win-Situation, in der Sie erst noch Geld sparen.

Wenn wir hier von Kleidern sprechen, gilt das natürlich auch für Schuhe und Sportausrüstung (z. B. Ski- und Snowboard-, Fahrrad-, Motorrad- oder Trekking-Ausrüstung).

2.3 Steuern

Dieses Thema gehen wir jetzt ganz vorsichtig an. Für viele ist es das Reizwort Nummer 1. Es gibt Leute, die geben ein Vermögen aus, um Steuern zu sparen. Und darum widmen wir natürlich diesem Thema ein ganzes Kapitel.

Vorausdenken lohnt sich

So oft man sie auch ignoriert, so oft kommt sie wieder, jedes Jahr pünktlich zum Frühlingsanfang: die Steuerrechnung. Da ist es eigentlich schon erstaunlich, dass viele immer wieder kein Geld dafür haben, regelrecht davon überrascht werden. Normalerweise weicht eine Steuerrechnung nämlich nur wenig von der vorjährigen ab. Das bedeutet, man weiss schon ein Jahr im Voraus, wie hoch die nächste Steuerrechnung sein wird. Es sollte also ein Leichtes sein, diesen Betrag dann bereitzuhaben. Eigentlich! In Wahrheit sieht es bei manchen so aus, dass Ende Jahr noch die letzte Rate aus dem 13. Monatslohn bezahlt wird, inklusive der Verzugszinsen.

Diese Menschen vergessen, dass frühzeitig bezahlte Steuern manchmal eine Zinsgutschrift bringen, zum Teil deutlich höher als die Zinsen auf Sparkonti. Sehen Sie also diese Steuerrechnung einmal mit anderen Augen. Stellen Sie sich vor, Sie würden im Februar die gesamte Rechnung begleichen. Dann haben Sie bis Ende Juni noch einen Zins von z. B. 1 % zu Gute. Müssten Sie also 8'000 Franken bezahlen, wäre das 80 Franken Zins. Ganz gut, oder? Bezahlen Sie hingegen zu spät, kann das teuer werden. Die Verzugszinsen sind nämlich deutlich höher. Fazit daraus: Die 8'000 Franken müssen Sie sowieso irgendwann bezahlen. Also warum nicht gleich?

Steuern sparen ist gut

Wenn Sie die Steuererklärung ausfüllen, lesen Sie unbedingt die Wegleitung durch, und zwar nicht nur oberflächlich, sondern denken Sie dabei genau nach. Überlegen Sie bei jedem Punkt, was das für Sie konkret heisst. Welche Kosten können Sie abziehen? Welche würden auch noch unter diesen Titel passen? Versuchen Sie, an alles zu denken. Beachten Sie nur, dass Sie auch dem Steueramt gegenüber ehrlich sind. Betrug zahlt sich nicht aus. Unterschlagen Sie nichts bei Ihrem Vermögen oder Einkommen, aber auch nicht bei Ihren Ausgaben und Abzügen. Das ist fair!

Nutzen Sie die Dienste von Steuerberatern, wenn Sie möchten. Beachten Sie jedoch, dass diese bei Grenzfällen und Unsicherheiten eher dazu tendieren, einen Abzug nicht geltend zu machen. Wenn Sie jedoch der Meinung sind, dieser Abzug sei gerechtfertig, übernehmen Sie die Verantwortung dafür und diskutieren Sie das mit dem Steueramt aus. Wenn Sie eine vernünftige Erklärung präsentieren, werden Sie normalerweise auf Verständnis stossen. Auf jeden Fall sollten Sie es probieren.

Säule 3a

Nutzen Sie auch die Möglichkeiten, die Ihnen die Säule 3a bietet. Beiträge, die Sie in diese Form des Sparens einzahlen, sind abzugsfähig bei den Steuern. Besonders mit unserem progressiven Steuersystem, wo höhere Einkommen stärker besteuert sind als tiefe, kann dies zu einer massiven Einsparung führen.

Fragen Sie den Anbieter Ihrer Vorsorge Säule 3a, wie hoch der abzugsfähige Betrag ist. Beachten Sie auch, dass die Auszahlung dieses Sparguthabens im Rentenalter ebenfalls als Einkommen versteuert werden muss. Vielleicht lohnt es sich für Sie, mehrere Säule-3a-Konti anzusparen und diese über mehrere Jahre verteilt auszahlen zu lassen. Fragen Sie dazu am Besten den Anbieter Ihres Vertrauens.

Sammeln Sie Quittungen

In unserem Haushalt gibt es eine Sammelmappe, in der alle Belege aufbewahrt werden, die wir eventuell für die Steuer im nächsten Jahr brauchen. Wer ein Eigenheimbesitzer ist und öfter selbst etwas renoviert, sollte unbedingt alle Belege sammeln. Normalerweise ist für den Unterhalt der Liegenschaft ein fixer Prozentbetrag abzugsfähig, es sei denn, man könnte mit Belegen beweisen, dass man mehr ausgegeben hat. Darum sammeln wir jedes Jahr alle Belege und prüfen Ende Jahr, welcher Betrag nun höher ist, die effektiven Kosten oder der Pauschalabzug. Das ist ein vertretbarer Aufwand, wenn man bedenkt, welche Steuerersparnis dadurch möglich ist.

2.4 Versicherungen

Wie viel geben Sie jedes Jahr für Versicherungen aus? Wissen Sie, wofür Sie wie viel bezahlen? Oder gehören Sie zu den Leuten, die sich aus diesen Themen möglichst raushalten, ihre Versicherungssituation nie überprüfen, einfach die Faust im Sack machen und regelmässig das bezahlen, was die Versicherung auf die Rechnung schreibt? Dann gehören Sie zur Mehrheit.

Wenn Sie wirklich Geld sparen wollen, sollten Sie Ihre Versicherungsverträge regelmässig überprüfen. Versicherungen stehen alle gegeneinander in Konkurrenz und versuchen sich Kunden abzujagen. Das können Sie ausnutzen. Oft lohnt es sich, die Verträge einmal jährlich zu überprüfen. Online-Vergleichsportale machen dies inzwischen sehr einfach.

Falls Ihnen der Aufwand dafür zu gross ist, können Sie natürlich auch einen unabhängigen Versicherungsbroker engagieren. Das sind Firmen oder Personen, die diese Vergleichsarbeit für Sie übernehmen. Meist sind diese Angebote für Sie kostenlos, weil die Broker von den Versicherern eine Provision erhalten. Und hier liegt auch ein möglicher Fallstrick. Die Broker könnten versucht sein, Ihnen jene Gesellschaft anzubieten, bei der sie die grössten Provisionen bekommen. Achten Sie deshalb darauf, dass Ihr Broker wirklich unabhängig ist.

Krankenversicherung

Jedes Jahr im Herbst kommen von den Krankenversicherern die neuen Prämien fürs Folgejahr. Überprüfen Sie dann, ob Sie die Grundversicherung zu einer günstigeren Kasse wechseln können. Da brauchen Sie sich keine Gedanken zur Deckung zu machen, die ist von Gesetzes wegen überall genau gleich. Also zählt ganz einfach nur die günstigste Prämie. Dann sollten Sie unbedingt auch Ihre Franchise überprüfen. Welches Risiko sind Sie bereit, selbst zu tragen? Schauen Sie unbedingt, wie viel Geld Sie sparen können mit einer höheren Franchise.

Wie oft gehen Sie jährlich zum Arzt? Kaufen Sie Medikamente? Wenn Sie chronisch krank sind und viele Medikamente brauchen, lohnt sich eine tiefe Franchise. Wenn Sie sich aber gesund fühlen und sich bloss davor fürchten, im Extremfall ein paar Tausend Franken selbst zu bezahlen, sollten Sie sich folgende Strategie einmal ansehen.

Je höher Sie die Franchise wählen, umso mehr Rabatt erhalten Sie auf Ihre Prämien. Da sind bis zu 47 % Rabatt auf die Prämien möglich, wenn

Sie die Franchise auf 2'500 Franken erhöhen. Natürlich müssen Sie dafür ein höheres Risiko selbst tragen. Im Extremfall kommen da in einem Jahr 3'200 Franken auf einmal auf Sie zu (Franchise 2'500 + Selbstbehalt 700). Wenn Sie jedoch für diesen Fall vorsorgen, indem Sie die gesparte Prämie auf ein Sparkonto für Notfälle legen, haben Sie durchschnittlich alle 2 Jahre diesen gesamten Betrag zur Seite gelegt. Nehmen Sie von diesem Geld nur im Notfall. Sie werden staunen, wie schnell Sie dort ein schönes Polster für schlechte Zeiten haben.

Zusatzversicherungen

Hier sollten Sie überprüfen, was für Sie wirklich wichtig ist. Brauchen Sie zum Beispiel eine Zahnversicherung? Oder können Sie es sich leisten, den jährlichen Zahnarztbesuch selbst zu bezahlen? Überprüfen Sie auch Zusatzversicherungen, die Ihnen besondere Boni versprechen wie kostenlose Fitness-Abos und dergleichen. Schliessen Sie eine Versicherung nicht nur deshalb ab. Rechnen Sie nach, was diese Zusatzversicherung jährlich kostet und vergleichen Sie diesen Betrag mit dem, was Sie erhalten. Lohnt sich das? Oder wäre das Abo fürs Fitness billiger als die Prämie. Reisen Sie oft? Dann sollten Sie vielleicht eine Zusatzversicherung abschliessen, die Sie vor überteuerten Krankenhaus-Rechnungen im Ausland schützt.

Generell gilt: Existenzbedrohende Risiken sollten Sie versichern, alles andere können Sie selbst tragen. Legen Sie für sich selbst die Schwelle fest, bis zu der Sie ein Risiko zu tragen bereit sind. Sind das 1'000 Franken, 2'000, 10'000, 50'000 oder noch mehr? Je höher diese Schwelle liegt, umso tiefer liegen die Prämien und umgekehrt.

Private Versicherungen

Es gibt eine Fülle von Angeboten und Versicherungsgesellschaften mit unterschiedlichsten Leistungen. Überprüfen Sie Ihre Verträge regelmässig. Prüfen Sie nicht nur, ob Sie überall das günstigste Angebot haben, sondern überprüfen Sie auch, ob Sie manche Risiken doppelt versichert haben. Das kann sich lohnen.

Bezahlen Sie Flüge mit Ihrer Kreditkarte? Dann kann es gut sein, dass Sie damit automatisch gegen Unfälle versichert sind. Ihr Kreditkartenanbieter gibt Ihnen gerne Auskunft.

Selbstbehalte

Überprüfen Sie auch die Selbstbehalte Ihrer Versicherungen. Auch hier können Sie mit einem höheren Selbstbehalt massiv Kosten sparen. Vielleicht besitzen Sie ein Gebäude, das Sie gegen Wasserschäden versichern wollen. Bei einem Gebäudewert von beispielsweise 800'000 Franken lohnt sich eine solche Versicherung bestimmt. Bedenken Sie, was das kostet, wenn beispielsweise ein ganzes Stockwerk saniert werden muss wegen eines Wasserschadens. Aber in so einem Fall ist ein Selbstbehalt von 200 Franken schlicht lächerlich. Tatsächlich ist dies aber die Standardeinstellung im Versicherungsvertrag. Erhöhen Sie diesen Selbstbehalt auf 1'000 Franken, sparen Sie leicht bis zu einem Viertel der Prämie. Fragen Sie Ihren Versicherungsberater nach Rabatten für andere Selbstbehalte. Damit können Sie massiv Geld sparen, ohne an den grundsätzlichen Leistungen zu reduzieren.

Erwerbsausfälle

Wer angestellt ist, hat normalerweise zwei Jahre lang einen reduzierten Lohn versichert bei Invalidität oder Tod. Das reicht, um sich eine andere Einnahmequelle zu erschliessen. Sind Sie aber selbstständig erwerbend, sollten Sie sich dazu Gedanken machen. Sollte ein selbstständiger Familienvater verunfallen oder erkranken und nicht mehr arbeiten können, muss eine Versicherung in den ersten zwei Jahren die Erwerbsausfälle übernehmen können.

Jährliches Kündigungsrecht

Versicherungen haben normalerweise feste Laufzeiten. Damit Sie jedoch jährlich die Angebote vergleichen können, sollten Sie darauf bestehen, dass ein jährliches Kündigungsrecht im Vertrag steht. Ansonsten sind Sie für die gesamte Dauer des Vertrages daran gebunden, auch wenn Änderungen an Ihrer Lebensweise eine Anpassung nötig machen. Prüfen Sie den Vertrag, bevor Sie ihn unterschreiben, und lesen Sie auch die allgemeinen Vertragsbedingungen. Das ist zwar über weite Teile langweilig und schreckliches Versicherungsdeutsch, aber wie bei allen Verträgen gilt, lesen Sie durch, was Sie unterschreiben. Nur so sind Sie vor Überraschungen geschützt.

2.5 Auto und Mobilität

In diesem Kapitel stellen wir vielleicht Ihr Verständnis von Mobilität auf den Kopf. Vielleicht haben Sie dabei die Erkenntnis, dass Sie sich Ihr Auto eigentlich gar nicht leisten können. Auf jeden Fall werden Sie erkennen, dass ein Auto vor allem als Statussymbol taugt, aber nicht für günstige Mobilität. Natürlich kann sich diese Behauptung als unwahr entpuppen, doch sollten wir uns diesem Thema einmal offen und ehrlich widmen.

Was kostet Ihr Auto jährlich?
Wenn Sie die Ist-Analyse aus Kapitel 1.5 gemacht haben, wissen Sie bereits Bescheid. Wenn nicht, sollten Sie das unbedingt nachholen. Wir haben für diese Berechnung geschätzte Werte eingesetzt. In der leeren Spalte können Sie Ihre eigenen Zahlen einsetzen.

	Beispiel CHF	Eigene Zahlen CHF
Anschaffungskosten:		
Neuwagen Wenn Sie einen Neuwagen gekauft haben, sollten Sie ihn innert 8 Jahren amortisieren, setzen Sie also hier den jährlichen Betrag ein (30'000 / 8)	3'750	
Occasion Wenn Sie eine Occasion gekauft haben, rechnen Sie aus, wie lange Sie diese noch fahren können. Als Grundlage dafür sollten Sie ein maximales Alter von 12 Jahren seit erster Inverkehrsetzung annehmen. Nehmen Sie also den Kaufpreis und teilen Sie ihn durch die noch möglichen Betriebsjahre (Anschaffungskosten / (12 Jahre − Alter des Autos beim Kauf))		

Leasing Setzen Sie hier die monatlichen Kosten fürs Leasing ein, hochgerechnet auf 1 Jahr		
Minderwert am Ende der Leasing-Laufzeit Dafür sollten Sie 10 % des Startwertes einsetzen, verteilt auf die Dauer des Leasings, normalerweise 4 Jahre Wäre das Auto beim Kauf 50'000 Franken wert, setzen Sie hier 1'250 Franken ein (10 % von 50'000 = 5'000, davon 1/4)		
Fixkosten:		
Verkehrssteuer	450	
Versicherungen (Haftpflicht / Teil- oder Vollkasko)	1'200	
Garagenmiete / Abstellplatz	1'200	
Parkplatz am Arbeitsort	480	
Variable Kosten:		
Benzinkosten Wenn Sie den Benzinverbrauch Ihres Wagens nicht genau wissen, rechnen Sie mit einem Durchschnittswert von 7.5 l/100 km Teilen Sie also die jährlich gefahrenen Kilometer durch 100 und multiplizieren Sie das Ergebnis mit 7.5. So viel Benzin brauchen Sie im Jahr. Dies multiplizieren Sie mit dem aktuellen Benzinpreis. (15'000 km / 100 * 7.5 = 1'125 Liter * 1.60 CHF)	1'800	

Service Ihr Fachbetrieb wird Ihnen sagen können, wie hoch die Kosten für einen Service ungefähr sein werden. Setzen Sie hier den Mittelwert zwischen grossem und kleinem Service ein.	450	
Reparaturen Manchmal geht einfach etwas kaputt. Dafür müssen Sie ein Budget haben, damit Sie Ihr Auto weiterhin nutzen können. Rechnen Sie dafür die gleichen Kosten wie für den Service.	450	
Reifen Wenn wir davon ausgehen, dass ein Satz Reifen normalerweise zwei Saisons lang hält, müssen Sie jedes Jahr einen Satz budgetieren, entweder Sommer- oder Winterreifen.	600	
Fahrzeugpflege Sie werden Ihr Auto regelmässig waschen und pflegen, dafür budgetieren wir pauschal 300 Franken pro Jahr.	300	
Parkgebühren Schätzen Sie hier, wie viel Sie für Parkgebühren ausgeben. Viele haben regelmässige Ausgaben für Parkgebühren, im Einkaufszentrum, im Fitnesscenter und andere regelmässige Parkplatzkosten. Wie viel brauchen Sie dafür in einer durchschnittlichen Woche? Rechnen Sie dann diesen Betrag mal 52, so viel brauchen Sie ungefähr im Jahr.	300	
Bussen Manchmal gibt es vielleicht eine Busse, auch wenn Sie normalerweise sehr zuverlässig sind.	100	

Total jährliche Kosten	11'080	
Das bedeutet monatlich ca.	920	

Auf www.sparenmachtspass.ch finden Sie eine Vorlage für Excel und OpenCalc zum kostenlosen Download.

Zum Vergleich dazu ein Generalabonnement der SBB (Stand 2017)
1. Klasse: CHF 6'300.-
2. Klasse: CHF 3'860.-

Wenn Sie also hauptsächlich alleine unterwegs sind, ist der ÖV immer billiger. Auch zu zweit können Sie immer noch Geld sparen, wenn Sie im ÖV in der zweiten Klasse fahren. Erst wenn Sie mehrheitlich zu dritt, zu viert oder zu fünft unterwegs sind, ist das Auto die billigere Variante. Das gilt aber nur, wenn alles Erwachsene sind. Kinder fahren nämlich im Zug mit einer Familienkarte für 30 Franken pro Jahr mit.

Motorrad / Motorroller
Diese haben zwar den Nachteil, dass sie weniger Laderaum haben, verfügen aber über einen immensen Vorteil bei den Kosten. Wenn Sie also keinen grossen Kofferraum brauchen, sollten Sie sich überlegen, sich einen Motorroller oder ein Motorrad anstatt eines Autos anzuschaffen. Da sind schon die Anschaffungskosten vergleichsweise tief, ebenso die Versicherung, Unterhaltskosten und die Parkgebühren.

Allerdings sind Sie damit ein bisschen wetterabhängig. Sie brauchen spezielle Kleidung, die sicher und wasserfest ist und die Sie über Ihre normale Kleidung anziehen können. Im Winter müssen Sie jedoch auf ein anderes Verkehrsmittel ausweichen können. Sobald nämlich Schnee liegt oder mit gefrorenen Stellen gerechnet werden muss, ist ein Motorrad oder ein Motorroller zu gefährlich für den Alltag.

Grundsätzlich ist jedoch ein Motorroller oder ein Motorrad ideal für die Fahrt ins Büro. Gerade in Städten, wo nur wenige Parkplätze zur Verfügung stehen, gibt es immer häufiger Zweirad-Parkplätze, die meist sogar kostenlos sind.

Fahrrad / E-Bike

Wie weit entfernt von Ihrem Arbeitsort wohnen Sie? Wenn die Strecke nicht allzu steil ist, könnten Sie auch mit dem Fahrrad fahren. Sie haben damit gleich mehrere Vorteile. Die Kosten sind minimal. Ein gutes Fahrrad erhalten Sie für unter Tausend Franken. Achten Sie darauf, dass es ein grosses Schutzblech über Rädern und Kette hat, damit Sie Ihre Kleidung nicht beschmutzen.

Vielleicht nutzen Sie das Fahrrad ja auch nur für die Fahrt zum Bahnhof. An allen Bahnhöfen gibt es Fahrradunterstände, wo Ihr Rad vor Witterung geschützt ist.

Wenn Sie jeden Tag eine kurze Strecke mit dem Fahrrad fahren, ist das ein hervorragendes Fitness-Training. Sie brauchen dabei nicht einmal ins Schwitzen zu kommen, schon wenig Bewegung ist besser als gar keine. Und wenn Sie wirklich etwas für Ihre Fitness tun wollen, können Sie auch morgens gemütlich ins Büro fahren, sodass Sie nichts ins Schwitzen kommen. Abends auf dem Heimweg strengen Sie sich dann an. Zu Hause wartet ja eine erfrischende Dusche, also ist es egal, wenn der Schweiss so richtig fliesst.

Wenn Sie grössere Steigungen zu bewältigen haben, können Sie auch ein E-Bike nutzen. Damit haben Sie immer noch frische Luft, gesunde Bewegung und kostenlose Parkplätze, sie müssen aber nicht alles alleine leisten. Mit der elektrischen Unterstützung schaffen Sie auch Steigungen, ohne stark ins Schwitzen zu geraten. Perfekt für die tägliche Fahrt ins Büro.

Taxi / Mietwagen / Car-Sharing

Es muss nicht immer ein eigenes Auto sein. Wenn Sie bereit sind, etwas zeitlichen Mehraufwand in Kauf zu nehmen, bieten Mietwagen und Car-Sharing-Anbieter viel Flexibilität zum fairen Preis. Und angesichts der Kosten von über 900 Franken pro Monat, die ein eigenes Auto verursachen würde, sind auch regelmässige Taxifahrten durchaus nicht ausgeschlossen. Den grossen Fernseher in der Innenstadt abholen, geht gut mit einem Taxi, wobei Sie hier den Vorteil haben, dass Taxifahrer in der Regel freundlich und hilfsbereit sind und Ihnen vielleicht sogar beim Tragen helfen. Geben Sie in diesem Fall ein grosszügiges Trinkgeld. Bedenken Sie einfach, dass Sie dem Taxiunternehmen im Voraus sagen, wenn Sie etwas Grösseres transportieren möchten. So können Sie sicher sein, dass das Auto dann auch gross genug ist.

Für längere Tagesfahrten oder auch für Ferienfahrten kann sich ein Mietwagen lohnen. Wenn für Ihren Alltag ein Kleinwagen vollkommen ausreicht, sind Sie für bestimmte Besorgungen oder in den Ferien vielleicht froh um einen Kombi oder Sie möchten einmal in einem Cabriolet den Wind in den Haaren spüren. Ganz wie Sie wünschen, mieten Sie einfach ein entsprechendes Fahrzeug.

Car-Sharing kann dann ein perfekter Zweitwagen sein, wenn dieser nur sporadisch gebraucht wird. Wenn ein Zweitwagen die meiste Zeit unbenutzt herumsteht, laufen die Fixkosten trotzdem weiter. Und diese sind oft deutlich höher als die Grundgebühr beim Car-Sharing.

Optimierungspotenziale beim Auto

Vielleicht wollen oder können Sie trotzdem nicht auf Ihr Auto verzichten. Dann sollten wir die verschiedenen Optimierungspotenziale einmal anschauen.

Versicherungen	Regelmässig verschiedene Angebote vergleichen und den günstigsten Anbieter suchen. Ein höherer Selbstbehalt kann hohes Sparpotenzial bringen.
Benzinkosten	Jeder Rappen Unterschied bringt durchschnittlich 50 Rappen pro Tankfüllung. Nutzen Sie dieses Potenzial, wenn Sie dadurch keine Umwege fahren müssen. Beachten Sie: Für einen Umweg von nur gerade 10 km muss der Literpreis um mindestens 2 Rappen billiger sein, damit die höheren Fahrkosten nicht die ganze Einsparung wieder auffressen.
Service	Sprechen Sie mit Ihrem Garagisten, was wirklich nötig ist in Sachen Service. Gehen Sie mit ihm die Servicearbeiten durch. Vielleicht können Sie auf gewissen Arbeiten verzichten. Bei einem Cabriolet

	einen Pollenfilter wechseln, bringt nicht wirklich viel und doch gehört das zum Service.
Reparaturen	Nicht jeder Kratzer muss unbedingt repariert werden. Natürlich sieht es besser aus, aber wenn Sie öfter im Ausland unterwegs sind, kennen Sie bestimmt viele Beispiele von Autos mit Kratzern und Dellen, die noch ganz normal fahren. Solange Sie nicht bei der Sicherheit sparen, ist alles in Ordnung.
Reifen	Ein Reifendiscount, der sich darauf spezialisiert, ist normalerweise billiger und hat meist auch alternative Marken im Angebot, mit denen Sie viel Geld sparen können. Ausserdem sollten Sie unbedingt verhandeln, oft können Sie noch einen Rabatt oder eine kostenlose Montage heraushandeln, wenn Sie sich einfach trauen. Viele Garagen oder Reifenhändler bieten Ihnen einen Lagerungsservice. Wenn Sie zu Hause Platz haben, sollten Sie die Reifen selbst lagern. Sie sparen sich nicht nur die Lagergebühr, sondern können auch jedes Jahr nach dem günstigsten Anbieter suchen und sind nicht an einen Händler gebunden.
Fahrzeugpflege	Beim Waschen können Sie mit etwas Eigenleistung viel sparen. Eine Fahrt durch eine Waschstrasse kostet rund das Dreifache von dem, was eine Selbst-Waschanlage kostet. Mit etwas Übung bekommen Sie Ihr Auto genau so sauber hin.
Parkgebühren	In Innenstädten sind die Parkgebühren oft extrem hoch. Denken Sie darüber nach, ausserhalb zu parkieren und mit dem ÖV ins Zentrum zu fahren.

Auto-Leasing
Es gibt gute Gründe ein Auto zu leasen, dann nämlich, wenn es ein Firmenfahrzeug ist und die Leasingraten von der Steuer abgezogen werden

können. Privat sollten Sie auf keinen Fall einen Leasing-Vertrag abschliessen. Auf den ersten Blick scheinen die Angebote zwar verlockend, doch genauer betrachtet, ist es ein finanzielles Desaster.

Sie bezahlen viel Geld und besitzen am Ende noch nicht mal das Auto. Erst wenn Sie noch einen Restwert bezahlen, den Sie aber im Voraus nicht abschätzen können.

Wenn Sie unbedingt ein Auto wollen, das Sie sich eigentlich gar nicht leisten können, dann sollten Sie statt des Leasings einen Kleinkredit prüfen. Sie bezahlen zwar auch monatliche Raten, dafür gehört Ihnen das Auto sofort. Sie sind damit auch deutlich flexibler, weil Sie jederzeit Ihr Auto verkaufen können und den Kredit vorzeitig zurückzahlen.

Die beste Lösung ist es aber, Ihren Autowunsch noch einmal zu überdenken. Wenn Sie sich die sofortige Zahlung des Autos nicht leisten können, leben Sie vermutlich über Ihre Verhältnisse. Entschliessen Sie sich für ein günstigeres Auto oder fahren Sie mit den öffentlichen Verkehrsmitteln. Und arbeiten Sie auf jeden Fall dieses Buch durch. Dann werden Sie über kurz oder lang in der Lage sein, sich Ihr Wunsch-Auto zu kaufen.

2.6 Spass / Unterhaltung / Sport / Ferien

Gleich vorweg: Sport, Spass, Unterhaltung und Ferien gehören zum Leben. Sie brauchen das unbedingt für die Erholung, zum Sammeln frischer Kraft. Ausserdem ist es wichtig, dass Sie etwas haben, worauf Sie sich freuen können. Etwas, wofür sich die ganze Plackerei lohnt. Deshalb sollten Sie auch einen Betrag für dieses Konto reservieren, 10 % Ihres Einkommens ist ein guter Wert.

Gönnen Sie sich ab und zu etwas Besonderes. Gehen Sie einmal ins Kino, ins Theater, in ein Konzert.

Gleiches gilt für den Sport. Je fitter Sie sich fühlen, umso leichter geht Ihnen das Leben und umso einfacher kommen Sie voran mit der Erhöhung Ihres Einkommens und mit dem Sparen.

So wichtig dieses Spasskonto auch ist, sollten Sie dennoch auch hier die Chancen nutzen, Geld zu sparen. Unternehmen Sie nicht weniger, aber versuchen Sie, Ihre Unterhaltung so günstig wie möglich zu bekommen.

Kino / Theater / Musicals

Vielleicht gibt es in Ihrer Stadt auch einen Kinomontag, an dem die Tickets deutlich billiger verkauft werden als an den anderen Tagen. Der Film ist derselbe, der Sitzplatz vermutlich auch, nur eben ist das Ticket günstiger. Nutzen Sie diese Gelegenheit. Ähnlich können Sie beim Theater vielleicht ein Schnäppchen machen, eine Matinee-Vorstellung am Sonntagvormittag vielleicht.

Falls Sie Kundenkarten besitzen von Grossverteilern, können Sie damit oft vergünstigte Tickets beziehen. Da liegen schnell einmal 20 % Rabatt drin oder sogar noch mehr. Wenn Sie ein Konzert, ein Musical oder ein Theaterstück sehen möchten, prüfen Sie diese Angebote, bevor Sie ein Ticket kaufen.

Eine andere gute Möglichkeit haben Sie, wenn Sie mit dem ÖV anreisen. Da können Sie unter Umständen eine Kombikarte kaufen, in dem das Ticket für Bahn und Bus direkt inbegriffen ist, damit sparen Sie eventuell noch einmal deutlich. Achten Sie einfach darauf, dass sich der ÖV vor allem lohnt, wenn Sie alleine oder zu zweit unterwegs sind. Sobald Sie eine grössere Gruppe oder Familie sind, lohnt sich vielleicht doch das Auto. Rechnen Sie, bevor Sie kaufen.

Sport

Es muss nicht unbedingt ein Abo vom Fitnesscenter sein. Ganz im Gegenteil. Wenn Sie in Ihrem Alltag etwas achtsam sind, können Sie trainieren, ohne dass Sie Geld dafür brauchen. Gewöhnen Sie sich zum Beispiel an, immer nur die Treppe zu nehmen anstatt den Lift. Das hält fit und ist gesund, allerdings ist das etwas einseitig nur Beintraining.

In vielen Gemeinden der Schweiz gibt es einen Vitaparcours oder etwas Ähnliches. Da trainieren Sie alle Muskelgruppen in Ihrem Tempo und Ihrem Rhythmus. Kostenlos und erst noch im Wald, wo Sie gute, frische Luft atmen. Und falls es einmal regnet, ziehen Sie doch einfach eine Regenjacke an!

Wenn Ihr Arbeitsweg nicht zu lang ist, können Sie auch mit dem Fahrrad oder sogar zu Fuss gehen. Das ist tägliches Training und bringt frische Energie und Kreativität für die Arbeit. Wählen Sie Ihr Tempo so, dass Sie nicht oder kaum schwitzen, dann werden auch Ihr Arbeitgeber und Ihre Kollegen nichts dagegen haben. Vor allem, weil Sie viel produktiver arbeiten, wenn Sie sich vor der Arbeit bewegt haben.

Es gab da mal diese junge Frau, die etwa den gleich langen Arbeitsweg wie ich hatte. Allerdings fuhr ich mit dem Fahrrad hin und sie mit dem Auto. Dafür ging sie abends dann ins Fitnesscenter. Natürlich war meine Version deutlich günstiger als ihre, und so kann ich heute im Rückblick sagen: Das hat sich gelohnt.

Sportartikel

Wenn Sie Laufschuhe kaufen, müssen diese gut passen und Ihre Gelenke schonen. Aber welches Shirt Sie tragen, spielt keine Rolle. Hier können Sie viel Geld sparen, wenn Sie nicht die teuersten Shirts kaufen. In der Regel braucht es das nicht.

Wenn Sie Wintersportler sind, stellt sich die Frage, ob Sie Ihre Ski alle zwei Jahre ersetzen müssen oder ob es sich vielleicht sogar lohnt, diese für eine Saison zu mieten. Wenn Sie nur gelegentlich Ski laufen, ist die Miete bestimmt günstiger, als wenn Sie sich eigene Ski kaufen. Sie können dabei erst noch sicher sein, dass Ihre Ski auf dem aktuellen Stand der Technik und perfekt eingestellt sind.

Wenn Ihr Skianzug noch passt, gibt es keinen Grund, diesen zu ersetzen.

Es gibt immer Dinge, die wichtig sind, doch ein jederzeit modischer Skianzug gehört nicht dazu. Wenn Sie etwas Neues kaufen wollen, überlegen Sie sich immer, ob Sie das wirklich brauchen. Und denken Sie darüber nach, wie wichtig die Qualität ist. Nicht immer muss es eine teure Marke sein. Eigenmarken von Sportmärkten bieten ein gutes Preis-Leistungs-Verhältnis, das für den normalen Freizeitsportler gut reicht.

Sport vor dem heimischen PC

Es gibt auch viele Sporteinheiten auf YouTube, wo Sie nach Herzenslust vor dem heimischen PC oder Smart-TV trainieren können. Zumba, Yoga, Pilates, Feldenkrais und viele andere individuelle Trainingsanleitungen finden Sie kostenlos auf YouTube. Niemand schaut Ihnen dabei zu und kritisiert, Sie können einfach trainieren, wie es Ihnen gerade danach ist. Mal vielleicht etwas heftiger, mal etwas ruhiger, ganz wie Sie wünschen. Und dabei brauchen Sie nicht einmal Geld auszugeben. Achten Sie einfach darauf, dass Sie nach dem Sport den Raum gut lüften, damit die Feuchtigkeit und ein allfälliger Schweissgeruch hinaus kann.

Ferien

Manchmal muss man sich einfach vom Alltag erholen. Das ist wichtig und hilft, Distanz zu gewinnen und sein Leben aus einer anderen Perspektive zu betrachten. Oft finden sich in den Ferien gute Ideen für Projekte, weil der Geist frei ist und nicht durch Alltagsstress belastet. Aber Ferien kosten Geld, da muss man auf jeden Franken achten. Auch hier gibt es einige Tipps und Tricks, wie man günstig und doch entspannt reist.

Feriensaison

Wenn Sie keine Kinder haben, sollten Sie ausserhalb der Hauptsaison reisen. Da können Sie viel Geld sparen, nicht nur bei den Hotels, sondern auch bei Flügen.

Hotels selbst buchen

Es ist bequem, ein Pauschalangebot eines Ferienanbieters oder vom Reisebüro zu buchen, doch meist ist das etwas teurer. Im Internet finden Sie viele Vergleichsportale und Anbieter rund ums Thema reisen. Da können

Sie schöne Schnäppchen-Preise finden, wenn Sie sich nur etwas Zeit nehmen zum Suchen.

Wenn Sie mit dem Auto (eigenes oder Mietwagen) in die Ferien fahren, können Sie auf Internetportalen wie booking.com oder hotels.com oft tolle Angebote von Hotels finden. Suchen Sie einfach nach der Region oder Stadt, in der Sie übernachten wollen, und finden Sie das Passende.

Anreise

Wenn Sie selbst buchen, haben Sie auch immer die Wahl, wie Sie anreisen. Vergleichen Sie unbedingt die Preise von Flug, Bahn, Bus, Mietwagen und dem eigenen Auto. Oft sind Kombinationen aus Flug/Zug/Bus + Mietwagen günstiger, als wenn Sie selbst die ganze Strecke im eigenen Auto fahren. Zudem kommen Sie so normalerweise entspannter an Ihr Reiseziel.

Essen und Trinken

In den Ferien ist das oft der grösste Ausgabenposten. Ganz einfach, weil man gezwungen ist, in Restaurants zu essen. Vor allem mit Kindern gehen da schnell einmal 50 bis 100 Franken pro Tag nur fürs Essen weg. Das muss nicht sein.

Vielleicht lohnt sich für Sie ein All-Inclusive-Angebot? Oder mieten sie statt eines Hotelzimmers ein Appartement und Sie haben eine kleine Küche mit dabei, in der Sie selbst kochen können. Wenn Sie das tun wollen, nehmen Sie von zu Hause die wichtigsten Utensilien mit: ein Geschirrtuch, ein scharfes Messer (Rüstmesser), Salz und Pfeffer, Tabs für die Spülmaschine. Achtung: Wenn Sie fliegen, sollten Sie besser kein Messer im Handgepäck haben.

Ausflüge vor Ort

Wenn Sie im Hotel sind, gibt es oft verschiedene Ordner von Reiseanbietern, in denen jeder seine Ausflüge vorstellt. Vieles davon können Sie auch auf eigene Faust machen, sofern Sie sich mit der Bevölkerung vor Ort verständigen können. Fragen Sie auch an der Reception, die Mitarbeiterinnen und Mitarbeiter dort sind meist sehr hilfsbereit.

Mietwagen

Wenn Sie einen Mietwagen buchen, versuchen Ihnen die Mitarbeitenden dieser Agenturen vor Ort oft noch zusätzliche Versicherungen aufzuschwatzen. Normalerweise müssen Sie bei Schäden am Auto einen Selbstbehalt von 2'500 Franken bezahlen. Die Reduktion dieses Selbstbehalts ist oft sehr teuer. Überlegen Sie sich gut, ob Sie diese Reduktion wirklich brauchen oder ob Sie sicher genug fahren, damit grössere Schäden unwahrscheinlich sind.

Stellen Sie sich vor, Sie wären im eigenen Auto angereist. Wie viel Selbstbehalt haben Sie da bei Schäden? Vielleicht haben Sie gar keine Vollkasko-Versicherung, sondern müssen Schäden am eigenen Auto komplett selbst bezahlen. Wenn das beim eigenen Auto möglich ist, warum dann nicht beim Mietwagen?

Lassen Sie sich nicht zu Abschlüssen überreden, die Sie gar nicht nötig haben, und überprüfen Sie den Zustand des Wagens genau, bevor Sie losfahren.

2.7 Luxusartikel

Wenn Sie bis hierhin gelesen haben denken vielleicht, Sie dürften sich gar keinen Luxus mehr leisten. Aber dem ist natürlich nicht so. Luxusartikel sind Zeichen des Erfolgs. Es sind Belohnungen, die Ihnen helfen, sich zu motivieren. Wichtig ist einfach, dass Sie die Luxusartikel auch so verstehen: als Auszeichnung für erfolgreiches Sparen.

Machen Sie sich eine Liste von 20 Dingen, die Sie sich gerne leisten wollen. Achten Sie aber darauf, dass Sie auf diese Liste nur Dinge setzen, die Sie in den nächsten zwei Jahren erreichen können. Wenn Sie alles auf der Liste abgehakt haben, schreiben Sie eine neue Liste von wiederum 20 Dingen.

Welcher Art sollen die Luxusartikel auf Ihrer Liste sein? Da könnte zum Beispiel eine schöne neue Uhr sein, es muss ja nicht gleich eine Rolex sein. Oder Sie planen eine Flugreise an den Traumstrand Ihrer Wahl. Ein Wochenende in einem luxuriösen Wellnesshotel, ein neues Auto, das Motorrad, das Sie schon immer mal haben wollten, oder ein Jahresabonnement für die Oper. Einfach etwas Schönes, bei dem Sie sich reich fühlen können.

Die Grenze zum Spass-Konto ist dabei sehr fliessend. Sie brauchen Ihre Erholung, zum Beispiel in den Ferien. Dagegen ist nichts einzuwenden, doch wenn die Ferien zu aufwändig werden, gehören sie eindeutig ins Luxuskonto. Manche Budgets reichen nur aus für einen Campingurlaub und das ist normalerweise auch entspannend. Wollen Sie stattdessen lieber auf die Malediven zum Tauchen, ist das eindeutig ein Luxus. Grundsätzlich gilt: Alles, was das normale Spass-Budget von 10 % des Einkommens übersteigt, gehört in die Kategorie Luxus.

Vielleicht wollen Sie ja ein spezielles Konto einrichten, auf dem Sie speziell für Ihre Luxusartikel Geld sammeln. Da ist es wichtig, dass Sie den Kontostand nie mehr ganz auf Null absinken lassen. Kaufen Sie damit erst etwas, wenn Sie den doppelten Betrag auf dem Konto haben. Wenn Sie also Schmuck im Wert von 1'000 Franken kaufen wollen, sollten Sie 2'000 auf diesem Konto haben. Wenn Sie ein Auto für 30'000 kaufen möchten, müssen 60'000 drauf sein.

Warum diese Regel? Damit ist sichergestellt, dass Sie immer grössere Zwischenziele erreichen können. Zudem gibt Ihnen dies unbewusst das Signal, dass Sie es sich wirklich leisten können. Würden Sie Ihr Konto ganz absacken lassen, würde Ihr Unterbewusstsein denken, Sie könnten sich das nicht leisten. Ist aber noch einmal der gleiche Betrag vorhanden, ist Ihr Unterbewusstsein mit dem Kauf einverstanden. Es hat ja noch genügend Reserve, um nicht gleich am Hungertuch nagen zu müssen.

Wenn Sie sich beharrlich an diese Regel halten, steht Ihrem finanziellen Erfolg nichts mehr im Weg. Dann wird sich Ihr Vermögen über kurz oder lang gut entwickeln.

Das sind die guten Nachrichten für dieses Kapitel. Leider gibt es aber auch noch einige nicht so erfreuliche Botschaften. In dieses Kapitel gehören nämlich viele Dinge, die Sie vielleicht liebgewonnen haben und die Sie als unverzichtbar ansehen. Sie sollten sich jedoch einmal Klarheit verschaffen, wie viel Luxus Sie sich bereits gekauft haben.

Diese Liste ist nicht vollständig, kann aber beispielhaft zeigen, was damit gemeint ist:

- Auto / Motorrad
- Fernsehapparat
- Spielkonsolen
- Ferienreisen
- Umbauten am Eigenheim
- Kunstwerke wie Bilder etc.
- manche Möbel
- Schmuck

Sie mögen vielleicht jetzt aufschreien und sagen, Sie bräuchten das Auto unbedingt für die Arbeit. Vielleicht haben Sie aber auch das Kapitel über die Mobilität bereits durchgearbeitet und wissen, wie viel Geld Sie dafür ausgeben und wie viel günstiger Sie zur Arbeit fahren können. Darum ist ganz klar: Brauchen tun Sie Ihr Auto nicht! Aber natürlich ist es bequemer, wenn Sie einfach jederzeit einsteigen und losfahren können. Und da liegt auch des Pudels Kern: Was der Bequemlichkeit dient, ist Luxus.

Der Fernsehapparat dürfte Ihnen vielleicht auch aufgefallen sein. Der wird Ihnen im Kapitel über die Medien noch einmal begegnen. Dort ist auch erklärt, warum gerade der Fernsehapparat ein Luxusartikel ist, auf den Sie besser verzichten sollten.

Wer ein Eigenheim besitzt, wird auch bei den „Investitionen" in sein Eigenheim stutzig werden. Warum sollte das ein Luxus sein? Ganz einfach, weil es oft keine Investitionen sind, sondern eben Luxusausgaben. Im Kapitel übers Wohnen haben Sie vermutlich diese Aussage schon kennengelernt.

Alles, was nicht eindeutig zum normalen, nötigen Unterhalt gehört und stattdessen Ihre Bequemlichkeit steigert, ist ein Luxus, für den die gleichen Regeln gelten wie für alle Luxusartikel: Es muss der gleiche Betrag nach der Ausgabe noch verfügbar sein.

Es gibt Möbel, die brauchen Sie unbedingt. Einen Tisch, an dem Sie essen können, ein Bett, in dem Sie schlafen können. Doch auch hier ist die Grenze zum Luxus fliessend. Ein Sofa beispielsweise ist wunderbar bequem und da zeigt sich schon, es dient der Bequemlichkeit und gehört also zum Luxus, besonders das riesengrosse Teil in Lederoptik mit Eck-Kombination und passenden Fussstützen sowie einem massgefertigten Couchtisch mit integriertem Weinkühler.

Vielleicht haben Sie jetzt schon einige Luxusartikel entdeckt, die sich bereits in Ihrem Haushalt befinden. Gut so! Seien Sie stolz darauf. Sie haben schon einigen Luxus ansammeln können und offenbar sind Sie dabei noch nicht Pleite gegangen. Also haben Sie vermutlich schon etwas richtig gemacht. Glückwunsch!

Jetzt geht es darum, dies zu fördern, damit Sie sich diesen Luxus und noch einiges mehr später auch leisten können. Also gleich weiter zum nächsten grossen Sparpotenzial in jedem Haushalt: dem Medienkonsum.

2.8 Medien

Hier geht es um Ihren gesamten Medienkonsum. Dazu gehören Zeitungen, Zeitschriften, Fernsehen, Internet und natürlich Ihr Telefon resp. Smartphone. Viele davon zeigen auf den ersten Blick nur wenig Sparpotenzial, doch bei genauerem Hinsehen kommt einiges zusammen.

Zeitungen / Zeitschriften

Haben Sie abonnierte Zeitungen oder Zeitschriften? Wie viele davon lesen Sie regelmässig? Gibt es vielleicht Zeitschriften, die Sie zwar abonniert haben, die Sie aber kaum noch lesen, weil Sie oft keine Zeit haben oder zu müde sind oder Sie sonst etwas davon abhält, sie zu lesen? Dann kündigen Sie das Abo. Warten Sie nicht einen Kündigungstermin ab, sondern kündigen Sie sofort auf den nächstmöglichen Termin.

Die Tageszeitung ist ja eigentlich immer von gestern. Was da drin steht, haben Sie im Internet, im Radio oder im TV längst erfahren. Wozu also noch eine Tageszeitung?

Wochenzeitungen oder Magazine sind etwas anders. Manche davon bringen echt viel Hintergrundwissen. Wer politisch interessiert ist, kann aus Wochenzeitungen viel Wissenswertes gewinnen. Wenn es aber ein People- oder Lifestyle-Magazin ist, bringt das ja eigentlich nichts. Da lesen Sie nur, was erfolgreiche Menschen tun, anstatt selbst erfolgreich zu werden. Verzichten Sie auf diese oft sinnfreie Unterhaltung und widmen Sie sich etwas Wichtigem. Anstatt Promi-Klatsch mit vielen bunten Bildern anzuschauen, könnten Sie ja auch einmal eine Biografie lesen. Diese zeigt meistens, wie die Menschen wirklich sind, was sie getan haben, um zu werden, wie sie sind. Da können Sie etwas lernen und erfahren erst noch viel über den Promi Ihrer Wahl.

Wenn Sie also lesen wollen, sind Sie mit Biografien oder Fachbüchern besser bedient als mit Magazinen welcher Art auch immer.

Davon ausgenommen sind die Fachzeitschriften, die Sie brauchen, um sich zu informieren über Neuigkeiten aus Ihrem beruflichen Umfeld. Die Erfahrung hat aber gezeigt, dass gerade diese Zeitschriften kaum gelesen werden, höchstens kurz durchgeblättert. Dabei liegen darin oft verborgene Karrierechance und viel Fachwissen aus Ihrer wichtigsten Branche, nämlich derjenigen, in der Sie Ihr Geld verdienen.

Fernsehen / Internet

Hier sehen Sie Ihren hauptsächlichen Grund dafür, dass Sie noch nicht finanziell unabhängig sind. Das mag jetzt etwas verrückt klingen, doch sollten Sie unbedingt prüfen, wie Sie mit Fernsehen und Internet umgehen. Ein durchschnittlicher Schweizer sitzt täglich drei Stunden entweder vor dem Fernseher oder surft im Internet auf Social-Media-Plattformen.

Drei Stunden pro Tag sind eine unglaublich lange Zeit, um eigentlich gar nichts zu tun. TV und Internet stehlen Ihnen also jeden Tag drei Stunden Ihrer Zeit. Stellen Sie sich vor, Sie würden stattdessen etwas tun, womit Sie Geld verdienen können. Das muss nicht einmal ein grossartiges Geschäftsmodell sein. Sie können musizieren, malen, schreiben, tanzen oder sich in einer anderen Kunstform betätigen. Wenn Sie jeden Tag drei Stunden Zeit dafür aufwenden, werden Sie innert kurzer Zeit ein ganz passabler Künstler sein, der auch etwas mit seiner Kunst verdienen kann.

Künstlerische Aktivität befreit zudem Ihren Kopf von lästigem Alltagsballast und fördert die Kreativität, was Ihre finanzielle Entwicklung zusätzlich fördert.

Das ist aber nur die eine Seite des Fernsehens. Es gibt noch zwei weitere Störfaktoren, denen Sie besonders dort begegnen. Zum einen ist das die Werbung. Sie werden dort täglich mit unzähligen Werbespots berieselt. Da erfahren Sie, was es Tolles und Bequemes gibt, und was Sie sich unbedingt dringend kaufen müssen.

Viele Werbespots sind so gemacht, dass die Botschaft jahrelang hängen bleibt. Hut ab vor diesen kreativen Werbetextern, die solche Slogans kreieren. Bestimmt fallen Ihnen auf Anhieb fünf verschiedene Werbesprüche ein, viele können sogar noch deutlich mehr Spots anhand weniger Sekunden erkennen. Und alle diese Spots haben nur ein Ziel: Sie zum Geld ausgeben animieren!

Nun noch das dritte Problem mit dem Fernsehen, das in schwächerer Form schon in den Zeitungen auftaucht: die Nachrichten. Es gibt dieses geflügelte Wort: „Good news is no news!" Gute Nachrichten sind keine Nachrichten. Und das bringt es ziemlich genau auf den Punkt. Normale Menschen lassen sich am Feierabend berieseln mit allem, was schiefgegangen ist auf der Welt. Bevor Sie zu Bett gehen, tanken Sie sich voll mit schlechten Nachrichten. Und dann wundern sie sich, dass sie schlecht schlafen.

Verzichten Sie einmal einen Monat lang auf sämtliche Nachrichten. Sie werden sich plötzlich viel freier fühlen und viel motivierter. Sie werden fröhlicher sein und positiver gegenüber Neuem.

Bedenken Sie, es hilft keinem Überschwemmungsopfer, wenn Sie Betroffenheit zeigen. Wenn jemand sein ganzes Hab und Gut bei einem Waldbrand verliert, bringt ihm das nichts, wenn Sie sich schlecht fühlen deswegen. Ihm würde es nur etwas bringen, wenn Sie ihn zu sich in die Wohnung einladen, bis er wieder ein eigenes Haus hat. Das klingt jetzt natürlich etwas überspitzt, aber im Grunde ist es genau so.

Einzig Ihrem Versicherungsvertreter hilft das. Sie werden nämlich noch eine weitere Versicherung abschliessen, man weiss ja nie, wenn einem selbst einmal so etwas passiert. Sicher ist sicher. Und es ist ja so viel Bedrohliches auf der Welt, das sehen wir ja jeden Abend in der Tagesschau.

Verzichten Sie also einmal ganz bewusst auf Nachrichten. Sie werden feststellen, dass Sie trotzdem nichts Wichtiges verpassen. Wenn nämlich etwas passiert, das Sie betrifft, werden Sie es auch so erfahren. Dann können Sie entsprechende Schritte einleiten, um dem Problem zu begegnen.

Sie müssen den Fernseher nicht einmal ganz weggeben, obwohl das natürlich zu empfehlen ist, stellen Sie ihn einfach in ein anderes Zimmer. Auf keinen Fall ins Schlafzimmer, sondern irgendwo hin, wo es weniger gemütlich ist. Ein Arbeitsraum, Bügelzimmer, Büro, wie auch immer Sie diesen Raum nennen. Wichtig ist nur, dass er kein bequemes Sofa hat, wo man sich stundenlang drauffläzen möchte.

Wenn Sie den Fernseher ganz aus dem Wohnzimmer verbannen, kann das sogar Ihre Beziehung auf ein neues Niveau heben. Statt nebeneinander zu sitzen und gemeinsam auf den Bildschirm zu glotzen, könnten Sie sich nämlich auch einmal unterhalten, sie könnten einen Spaziergang unternehmen oder mit der Familie spielen.

Telefon / Smartphone

Und gleich weiter zu den nächsten Zeitdieben. Diese stehlen Ihnen nicht nur wertvolle Zeit, sondern oft auch noch viel Geld. Vielleicht gehören Sie ja auch zu denen, die jedes Jahr das neueste Smartphone brauchen, kostet ja nicht viel, sondern nur 1 Franken. Dem ist eben nicht so! Wenn es denn so ist, dass es nur 1 Franken kostet, müssen Sie vermutlich das teuerste Abo abschliessen, und das erst noch mit einer Laufzeit von mehreren Jahren. Wozu? Um süsse Katzenvideos im Internet anzuschauen?

Oder bei einer Dating-App noch schnell einen Partner für ein unverbindliches Treffen zu finden? Wenn Ihnen das wirklich so viel Wert ist, dann nur zu. Aber mal ehrlich, niemand braucht immer und überall unbegrenzten Internet-Zugang. Probieren Sie es aus. Schalten Sie das mobile Internet einfach mal eine Woche lang aus. Nutzen Sie nur kostenloses WLAN, wenn Sie welches finden. Das ist heutzutage fast überall erhältlich. Sie werden sehen, dass es keine wirkliche Komforteinbusse mit sich bringt. Falls Sie sich vorstellen könnten, so zu leben, können Sie den Vertrag für unbegrenztes Surfen am Smartphone auslaufen lassen. Viele Anbieter haben gute, günstige Pakete mit einem begrenzten Datenvolumen. Das reicht für Notfälle und für alles andere gibt es ja fast überall kostenloses WLAN.

Falls Sie noch einen Festnetzanschluss haben, versuchen Sie ein Kombi-Abo abzuschliessen. Manche Anbieter bieten Gruppentarife für mehrere Nummern an. Normalerweise genau richtig für zwei Handys und eine Festnetznummer.

Auch beim Telefonieren sollten Sie regelmässig überprüfen, ob das Angebot noch zu Ihnen passt. Vielleicht haben sich Ihre Lebensumstände inzwischen verändert. Vielleicht können Sie auf das TV-Angebot Ihres Unterhaltungsanbieters verzichten, weil Sie keinen Fernseher mehr haben (siehe oben).

Oder Sie reisen viel mehr ins Ausland, dann sollten Sie schauen, ob es da einen günstigeren Tarif gibt. Besonders wenn Sie viel reisen, könnte ein mobiler WLAN-Hotspot vielleicht etwas für Sie sein. Ein Gerät, in dem Sie an Ihrem Urlaubsort eine SIM-Karte (z. B. eine Prepaid-Karte) einlegen und damit einen eigenen Hotspot überall dabei haben.

Bücher
Wenn Sie weniger Zeit vor irgendwelchen Bildschirmen verbringen, können Sie mehr lesen. Biografien erfolgreicher Menschen oder bekannter Persönlichkeiten bieten interessante Einblicke in das Wesen und die Art dieser Menschen. Sie werden schnell merken, wie spannend das ist. Seien Sie versichert, in keiner dieser Biografien steht geschrieben, dass diese Leute abends drei Stunden vor dem Fernseher sassen. Vermutlich hat auch niemand von diesen Menschen ein Facebook-Profil, auf dem hauptsächlich Katzenvideos oder Kochrezepte zu finden sind.

Das Gute an Büchern ist auch, dass man sie überall hin mitnehmen kann, sie brauchen weder WLAN noch ein Ladegerät, sondern sind immer und überall einsatzbereit.

Gerade Biografien finden Sie in Ihrer regionalen Bibliothek immer wieder neue. Die meisten Bibliotheken verlangen einen jährlichen Mitgliederbeitrag, der ungefähr dem Preis von einem oder zwei Büchern entspricht. Dafür haben Sie dann unbegrenzte Auswahl an interessanten Biografien und auch Unterhaltung, ja in den meisten können Sie sogar Hörbücher und Filme ausleihen.

Hörbücher sind übrigens eine erstklassige Möglichkeit, sich auf einfache Art weiterzubilden. Selbst wenn Sie Auto fahren – falls Sie noch eins haben – oder im Zug sitzen, können Sie mit einem Hörbuch etwas Sinnvolles mit Ihrer Zeit anfangen. Sie können ein Fachbuch auch hören, anstatt es zu lesen. Manche Menschen lernen einfacher, wenn Sie die wesentlichen Informationen hören können.

Podcasts

Besonders für die Weiterbildung eignen sich Podcasts. Da findet sich zu jedem denkbaren Thema eine Sammlung von Podcasts im Internet, die meisten davon kostenlos. Diese überzeugen oft durch ihre Kürze. Wo ein richtiges Hörbuch schon mal ein paar Stunden dauert, sind Podcasts oft nur 20 – 40 Minuten lang. Gerade richtig für das morgendliche Lauftraining.

Damit verlassen wir das Thema Medien und wechseln zu einem weiteren wichtigen Punkt, den wir hier schon etwas angeschnitten haben: der Weiterbildung.

2.9 Weiterbildung

Hier sollten Sie nicht sparen. Nur wer sich weiterbildet, kann auch weiterkommen. Deshalb sollten Sie unbedingt immer etwas von Ihrem Lohn zur Seite legen, damit Sie etwas dazu lernen können. Es ist kein Geheimnis mehr, dass jene, die sich weiterbilden, auch befördert werden und die guten Jobs bekommen.

Wer sich weiterbildet, zeigt damit, dass er noch lange nicht zum alten Eisen gehört und dass er daran interessiert ist, Neues zu lernen und anzuwenden. Lernen Sie etwas über Anlagestrategien, lernen Sie etwas Neues in Ihrem beruflichen Fachgebiet. Warten Sie nicht darauf, dass Ihr Chef Ihnen einen Kurs anbietet. Suchen Sie selbst nach einer passenden Weiterbildung und fragen Sie Ihren Chef, ob er sich an den Kosten beteiligt. Chefs sind normalerweise daran interessiert, dass sich Ihre Mitarbeitenden weiter entwickeln, darum ist es durchaus denkbar, dass Sie einen Zuschuss an die Kosten bekommen oder sie dürfen sich während der Arbeitszeit weiterbilden anstatt Ferien zu beziehen.

Das hat den zusätzlichen Vorteil, dass Sie etwas fürs Leben lernen. Dann nämlich, wenn Sie Ihrem Vorgesetzten erklären müssen, was es ihm bringt, wenn Sie sich weiterbilden. Die eigenen Qualitäten und Stärken zu verkaufen, gehört nämlich zum schwierigsten, was das Geschäftsleben zu bieten hat.

Auch wenn Ihr Chef sich nicht an den Kosten beteiligt, lohnt es sich dennoch, sich weiterzubilden. Es gibt zu jedem Thema eine Fülle von Kursen, Seminaren, berufsbegleitenden Studiengängen und vieles mehr. Sehen Sie sich um! Denken Sie nicht nur an Ihre berufliche Entwicklung bei der Planung Ihrer Weiterbildung. Das wäre zu einseitig. Arbeiten Sie auch an Ihrer Persönlichkeit, besuchen Sie Kurse zum Umgang mit Geld. Lernen Sie etwas über Immobilien, über Aktienmärkte, über alle möglichen Anlagestrategien. Je mehr Sie kennenlernen, umso sicherer fühlen Sie sich, wenn Sie Ihr eigenes Geld anlegen. Wir haben bereits festgestellt, dass Sie nur in Dinge investieren sollten, die Sie verstehen. Mit der entsprechenden Weiterbildung verstehen Sie mehr. So öffnet sich Ihnen über kurz oder lang eine ganze Welt von unterschiedlichen Anlageformen und -strategien, die Sie nutzen können. Statt alles auf eine Karte zu setzen, ist Ihr Anlageportfolio schon bald breit abgestützt und resistenter gegen Krisen.

Seminare haben noch einen weiteren Vorteil. Sie lernen ganz viele Menschen kennen. Menschen mit den gleichen Idealen und Wertvorstellungen. Menschen, die ähnliche Ziele haben und vielleicht genau so froh sind wie Sie, dass sie nicht alleine an Ihrer finanziellen Zukunft arbeiten. Mit diesen Menschen können Sie sich jederzeit austauschen, sie können Strategien besprechen und manchmal entstehen daraus gute Freundschaften.

Es ist ziemlich wahrscheinlich, dass alle diese Menschen auch eine Arbeit haben. Sie lernen also Fachleute aus den unterschiedlichsten Berufsgruppen kennen. Wer weiss, wann Sie mal einen Fachmann brauchen, der Ihnen weiterhilft? In diesem Fall ist es toll, wenn dieser schon zu Ihrem Netzwerk gehört. Sie haben bereits eine gemeinsame Basis und so bildet sich schnell Vertrauen. Auf diesem können Sie aufbauen und vielleicht gemeinsam ein Geschäft anbahnen. Seien Sie offen für Neues und lassen Sie sich überraschen, was das Leben Ihnen alles präsentiert, wenn Sie dafür bereit sind.

Legen Sie jeden Monat einen festen Betrag auf ein Weiterbildungskonto. 5 - 10 % des Nettolohnes sind ideal. Geben Sie dieses Geld nur für Ihre Bildung aus. Nichts anderes, nicht einmal die Fahrt zum Seminar bezahlen Sie von diesem Konto.

Falls Sie irgendwann ein passives Einkommen generieren, nehmen Sie auch von diesem einen fixen Betrag für die Weiterbildung. Je schneller dieses Konto wächst, umso schneller lernen Sie wieder etwas Neues hinzu und umso schneller verdienen Sie wieder mehr. Es ist ein Kreislauf, der, einmal angestossen, fast endlos weiter läuft. Nutzen Sie das Momentum.

Fachbücher
Die günstigste Form der Weiterbildung ist es natürlich, ein Buch zu kaufen und es zu lesen. Dabei bleibt aber leider nur ein kleiner Teil des Wissens hängen. Oft ist es der Einstieg in ein Thema. Dabei finden Sie heraus, ob dieses Thema zu Ihnen passt.

Hörbücher / Podcasts
Über das Hören nehmen wir mehr Information auf als beim Lesen. Deshalb lohnt es sich, Fachbücher zum Hören zu kaufen. Auch Podcasts finden Sie im Internet zu allen möglichen Themen. Nutzen Sie diese Chance immer wieder, zum Beispiel beim Autofahren oder beim Joggen.

Internet

Lernvideos, Webinare, Podcasts, es gibt so viele Möglichkeiten, sich im Internet neues Wissen anzueignen. Nur gibt es im Internet zwei Probleme. Erstens gibt es so viele Angebote, dass Sie vielleicht das für Sie Richtige gar nicht finden. Zweitens gibt es so viele Angebote, dass Sie nicht wissen können, ob derjenige, der Ihnen etwas erzählt, überhaupt das nötige Fachwissen hat. Nennen wir es das Wikipedia-Phänomen. Alle Welt holt sich Informationen von Wikipedia, meist stimmen die Informationen, manchmal ist es aber kompletter Unsinn.

Kurse / Seminare

Hier sitzen Sie einem Lehrer, einem Kursleiter, einem Referenten direkt gegenüber und hören zu. Vieles ist trockene Theorie, aber immerhin können Sie direkt Fragen stellen. Nachteil dieser Angebote: Sie haben fixe Zeiten und Sie müssen eventuell eine weite Anreise in Kauf nehmen. Dennoch ist dies immer noch die beste Möglichkeit, etwas Neues zu lernen.

Wie viel bleibt hängen, von dem, was ich lerne?

Wir können uns also durch Lesen, Zuhören, Sehen oder eine Kombination all dieser Methoden neues Wissen aneignen. Allerdings hat sich gezeigt, dass wir nicht mit jeder Lernmethode gleich gut lernen können.

Manche Menschen lernen gut über den visuellen Kanal, also übers Sehen respektive Lesen, andere lernen schneller über den auditiven Kanal, also übers Hören.

Am besten eignet sich eine Kombination von beidem. Wenn dann auch noch Bewegung hinzukommt, steigert das die Aufnahmefähigkeit noch weiter.

So gibt es bei jeder Art der Schulung grössere oder kleinere Verluste. Je nach gewählter Lernmethode behalten wir mehr oder weniger des Gelernten im Kopf. Damit wir möglichst viel von unserer Weiterbildung profitieren, sollten wir also wissen, mit welcher Methode wir wie viel behalten können. Die folgende Tabelle fasst es zusammen.

Lernmethode	Zu finden bei	So viel behalten wir
Lesen	Bücher, Zeitschriften, Zeitungen, Internet	10 %
Hören	Radio, Internet, Hörbücher	20 %
Sehen	TV, Internet	30 %
Hören + Sehen	TV, Internet, Seminare, Vorträge, Kurse	50 %
Selber sagen	Andere unterrichten, Peer-Groups, Vorträge halten	70 %
Selber tun	Peer-Groups, Übungsfirmen, Learning-by-Doing	90 %

Sie sehen, es lohnt sich, selbst aktiv zu werden. Wenn Sie das nächste Mal ein Buch lesen, machen Sie sich Notizen und erzählen Sie jemand anderem darüber. Das kann ein Mitglied einer Peer-Group sein, eine Übungsgruppe, ein Familienangehöriger. Damit prägen Sie sich dieses Wissen deutlich besser ein und Ihr Partner lernt gleich auch etwas dazu.

Sie können auch mit Ihrem Partner eine feste Vereinbarung treffen wie diese: Jeder liest ein Fachbuch pro Monat und Ende des Monats hält jeder Partner einen 1-stündigen Vortrag darüber. Oder organisieren Sie sich in einer Peer-Group oder Übungsfirma, wo Sie vielleicht jede Woche einen solchen Vortrag hören.

Das hilft Ihnen gleich doppelt: Einerseits lernen Sie viel aus den Vorträgen der anderen Teilnehmer, andererseits lernen Sie, sich selbst und Ihr jeweiliges Thema gut zu präsentieren. Das kann Ihnen im Berufsleben weiterhelfen. Das neu gewonnene Selbstvertrauen und die sich ständig verbessernde Präsentationstechnik wird Ihnen viele Türen öffnen, verlassen Sie sich drauf.

2.10 Sparen

Richten Sie sich ein Konto ein, das Sie ausschliesslich zum Sparen nutzen. Geld, das einmal auf dieses Konto einbezahlt ist, nehmen Sie von dort nicht mehr weg. Dieses Sparkonto ist gedacht für Ihre persönliche Altersvorsorge.

Bedenke Sie, dass Sie sich in Sachen Altersvorsorge vielleicht in falscher Sicherheit wiegen. Natürlich gibt es die gesetzliche Altersvorsorge, also die AHV und auch die Pensionskasse Ihres Arbeitgebers. Alle diese Organisationen haben aber einen grundlegenden Fehler. Sie selbst haben kaum einen Einfluss darauf.

Wenn die AHV oder Ihre Pensionskasse (2. Säule) eine Finanzierungslücke haben, müssen vielleicht zwangsweise die Ausschüttungen reduziert werden. Aktuell ist der Umwandlungssatz der Pensionskassen so berechnet, dass Ihr einbezahltes Geld für 13 – 14 Jahre ab der Pensionierung reichen. Wer also heute im Alter von 65 Jahren pensioniert und dann älter als 79 wird, bezieht mehr Geld aus Rentenleistungen, als er in seinem gesamten Leben einbezahlt hat. Die Pensionskasse muss dies bezahlen und muss dafür Reserven anbrauchen, die eigentlich jemand anderem gehören. Das kann in einen Teufelskreis führen, der vielleicht zu einer weiteren Reduktion des Umwandlungssatzes führt oder zu noch Schlimmerem. Bis Sie dann Ihr Pensionsalter erreicht haben, kann sich an dieser Situation noch viel verändern. Und Sie selbst haben keinerlei Einfluss auf dieses Geld, obwohl Sie Ihr Leben lang einbezahlt haben.

Auch bei der AHV zeichnen sich Lücken ab, die immer schwieriger zu stopfen sein werden. Immer weniger Beitragszahler stehen immer mehr Rentenbezügern gegenüber. Das kann fatal werden und dazu führen, dass ein immer grösserer Beitrag aus Steuern – zum Beispiel der Mehrwertsteuer – finanziert werden muss. Und diese Steuern betreffen dann jeden einzelnen, auch Sie. Es wird also alles teurer und Ihre Altersvorsorge steht dennoch auf wackligen Füssen.

Da lohnt es sich, einen eigenen Plan für die Altersvorsorge zu haben. Verlassen Sie sich nicht einfach auf die Sozialwerke, sondern planen Sie Ihre Altersvorsorge selbst.

Wenn Sie es schaffen, mehrere Ströme passiven Einkommens zu erzeugen, die gemeinsam Ihren monatlichen Lebensunterhalt finanzieren, sind Sie auf der sicheren Seite und unabhängig von Sozialwerken, deren langfristige Prognosen im Moment nur schwer zu beurteilen sind.

Das Wichtigste in allem ist die Tatsache, dass Sie Ihre finanzielle Zukunft selbst in die Hand nehmen. Sie übernehmen selbst die Verantwortung und das ist schon ein erster Schritt zu einem unabhängigen Leben.

Sparen mit Zielen

Sie müssen wissen, welches Ziel sie anstreben, ansonsten irren Sie herum und wissen nicht, was Sie tun sollen und wohin Ihr finanzieller Dampfer steuert.

Schon zu Beginn dieses Buches haben Sie sich überlegt, welches regelmässige Einkommen Sie brauchen, um sorgenfrei leben zu können. Sie haben herausgefunden, welches Vermögen dazu nötig ist. Nun kommt noch die zeitliche Komponente hinzu. Wie viel Zeit bleibt Ihnen noch?

Nehmen Sie nun diese Restzeit und berechnen Sie ganz einfach, wie viel Sie monatlich zur Seite legen müssen, um Ihr Ziel zu erreichen. Zu Beginn werden Ihre Möglichkeiten vermutlich bescheiden sein, doch die gute Nachricht ist, dass sich das in Zukunft ändern wird, wenn Sie achtsam mit Ihren Finanzen umgehen und die Verantwortung dafür übernehmen.

Legen Sie einfach den maximal möglichen Betrag fest, den Sie jeden Monat zur Seite legen wollen. Achten Sie darauf, dass dieser Betrag mindestens 10 % Ihre Einkommens entspricht. Darunter sollten Sie auf keinen Fall gehen.

Bezahlen Sie sich selbst zuerst!

Viele bezahlen zuerst alle Rechnungen und wenn dann noch etwas übrig bleibt, legen sie es vielleicht zur Seite. Das ist ein typisches Verhalten abhängiger Menschen. Wer aber seine finanzielle Zukunft in die eigenen Hände nehmen will, kehrt diesen Prozess um.

Was gibt es Wichtigeres als Ihre Altersvorsorge? Natürlich müssen Sie Ihre Rechnungen bezahlen, Ihren normalen Lebensunterhalt bestreiten, aber ihre Altersvorsorge ist wichtiger! Geben Sie diesem wichtigen Thema Priorität!

Als Erstes bezahlen Sie 10 % Ihres Einkommens auf Ihr Sparkonto ein, am besten geht das über einen Dauerauftrag. Erst dann bezahlen Sie alles andere. Sie werden feststellen, dass dies eine angenehme Folge hat. Die meisten Menschen haben nämlich eine Art finanziellen Thermostaten.

Wie ein Thermostat die Temperatur in einem Raum auf eine voreingestellte Temperatur regelt, so sorgt der finanzielle Thermostat dafür, dass das Bankkonto auf einem bestimmten Kontostand bleibt. Ist mal mehr auf dem Konto, gibt man mehr aus, ist mal weniger drauf, gibt man weniger aus, sodass am Ende immer ungefähr der gleiche Betrag verfügbar ist.

Diesen Effekt können Sie nutzen, wenn Sie zuerst Ihre 10 % direkt als Dauerauftrag zur Seite legen. Im ersten Moment wird es schwierig sein, die anderen Ausgaben zu stemmen, ohne diese 10 % anzuzapfen. Doch innert kurzer Zeit werden sich Ihre Ausgaben an die neue Situation anpassen. Ihr Kontostand wird zwar immer noch gleich sein wie zuvor, doch Ihr separates Sparkonto wächst und gedeiht.

Anlageformen

Das Geld auf dem Sparkonto soll also nicht für andere Ausgaben verwendet werden. Das bedeutet aber nicht, dass es einfach nur herumliegen soll. Irgendwann werden Sie auf diesem Konto genug Geld angespart haben, dass Sie damit eine sinnvolle Investition tätigen können.

Investieren Sie am Aktienmarkt, kaufen Sie Obligationen, gründen Sie eine Firma, kaufen Sie eine Liegenschaft oder Ähnliches. Wichtig ist vor allem, dass Sie damit regelmässig Einnahmen generieren können, ohne dafür arbeiten zu müssen.

Achten Sie darauf, dass Sie nur in Anlageformen investieren, die Sie verstehen. Nur dann können Sie sicher sein, dass Sie die Risiken richtig einschätzen können.

Die Finanzkrise 2008 entstand genau daraus, dass so komplexe Finanzprodukte entstanden sind, dass niemand mehr den Überblick hatte. Und dabei ging viel Geld verloren, ganze Banken gingen Konkurs, ihre Kunden verloren ebenfalls viel Geld.

Darum der eindringliche Ratschlag: Kaufen Sie nur, was Sie verstehen!

Verabschieden Sie sich von dem Gedanken, dass Sie schnell Millionär werden. Je höher die Rendite, umso höher das Risiko. Wenn Ihnen jemand verspricht, aus 10'000 Franken in einem Jahr 100'000 zu machen, klingt das zwar verlockend. Rechnen wir das jedoch in Prozent um, sieht die Sache anders aus, das bedeutet nämlich eine Verzinsung von 900 %. Stellen Sie sich vor, wie hoch ein Risiko sein muss, damit sich ein solcher

Zins realisieren lässt, wenn selbst Staatsanleihen von Staaten am Rande des Staatsbankrotts gerade mal 10 % Zinsen bringen. Lassen Sie am besten die Finger davon!

Gehen Sie Risiken ein, aber nur solche, die in einem vernünftigen Rahmen bleiben und die Sie einschätzen können. Gehen Sie keine existenzbedrohenden Risiken ein. Investieren Sie so viel, dass es Sie schmerzt, wenn Sie es verlieren, aber nicht so viel, dass Sie mehr verlieren können, als Sie eingesetzt haben. Das wäre ein zu hohes Risiko, das Ihre Existenz bedrohen kann.

Ein Beispiel sind Optionen am Aktienmarkt. Wenn Sie diese Vehikel verstehen, wird Ihnen gleich klar sein, warum diese so riskant sind. Sie kaufen für einen verhältnismässig kleinen Beitrag eine Option, also die Möglichkeit, eine Aktie zu einem bestimmten Kurs zu kaufen. Dabei kann der Preis der Option ein paar Franken betragen. Das Tückische daran sind die Kosten der Aktie. Haben Sie nämlich die Option einmal gekauft, sind Sie eventuell verpflichtet, diese Aktie zum vereinbarten Preis zu kaufen, falls der Verkäufer darauf besteht. Dies kann beispielsweise passieren, wenn der Wert der Aktie innert kurzer Zeit stark fällt. Dann sind Sie verpflichtet, die Aktie zum deutlich höheren Preis zu kaufen. Da müssen Sie dann unter Umständen viel Geld nachschiessen, vielleicht sogar so viel, dass Sie Ihr gesamtes Vermögen verlieren. Darum ist bei solchen Transaktionen Vorsicht geboten.

Geniessen Sie trotzdem

Zu guter Letzt noch etwas Wichtiges: Sparen ist gut, aber übertreiben Sie nicht. Sie werden merken, dass es Ihnen Spass macht, wenn Ihr Sparkonto wächst und gedeiht. Wenn es für Sie zur Last wird oder Sie das Gefühl haben, Sie könnten sich gar nichts mehr gönnen, sollten Sie korrigieren.

Ab und zu brauchen Sie einfach den unbeschwerten Spass. Manchmal dürfen und sollen Sie über die Stränge schlagen. Kaufen Sie ab und zu etwas, das Sie nicht unbedingt brauchen. Gönnen Sie sich ein Wellness-Wochenende oder tun Sie sonst etwas, das Ihnen das Gefühl gibt, die ganze Sparerei lohne sich.

Es sollte aber etwas sein, dass aussergewöhnlich ist. Etwas, das Sie belohnt für Ihr Sparen. Etwas, das Sie sich normalerweise nicht leisten könnten. Sehen Sie sich dazu auch die Tipps und Ideen im Kapitel über Luxusartikel an.

2.11 Suchtmittel

Lassen Sie es einfach! So könnte man das ganze Kapitel in einem Satz zusammenfassen. Viele Suchtmittel sind ungesund und fast alle sind auch noch teuer, darum sollten Sie sich überlegen, ob Sie das wirklich wollen. Gehen wir die gängigen Suchtmittel einmal durch. Wenn Sie sehen, welches Sparpotenzial darin liegt, und wenn Sie dann auch noch einige Tipps bekommen, wie Sie auf diese Suchtmittel verzichten können, ändert sich vielleicht Ihr Leben grundlegend.

Rauchen

Aus Sicht des Sparens sollten wir als Erstes einmal die effektiven Kosten des Rauchens berechnen. Das tun Sie mit einer ganz einfachen Formel. Rechnen Sie aus, was Ihr jährlicher Zigarettenkonsum kostet. Wenn Sie eine Schachtel pro Tag rauchen, nehmen Sie den Preis pro Schachtel und multiplizieren Sie diesen mit 365. Kostet Ihre Marke 8 Franken pro Schachtel und rauchen Sie davon eine pro Tag, so ergibt das für das ganze Jahr einen Betrag von 2'920 Franken. Also fast dreitausend Franken. Welchen Einfluss hätte dieser Betrag auf Ihr Sparkonto? Würden Sie diesen Betrag merken oder wäre das nur ein kleiner Unterschied?

Gleich gehen Sie vor, wenn Sie Ihre Zigaretten im Multipack kaufen oder als Tabak zum Selberdrehen. Berechnen Sie, wie viel Sie pro Woche oder pro Monat kaufen, und rechnen Sie diesen Betrag auf das ganze Jahr hoch.

Übrigens: Falls Sie manchmal jemandem eine Zigarette anbieten, sollten Sie daran denken, dass Sie da jedes Mal rund 40 Rappen verschenken.

Dann sind da auch noch die ganzen Folgekosten, die Sie nicht ganz vergessen sollten. Beispielsweise die Zahnmedizin. Das Rauchen schädigt dauerhaft Ihre Zähne und Kieferknochen. Reparaturen daran können schnell in die Tausende gehen. Auch die anderen Folgekosten des Rauchens sind nicht zu verachten. Es muss nicht immer Lungenkrebs sein, es können auch viele andere Erkrankungen durch das Rauchen verursacht werden.

Wie bei jedem Suchtmittel ist auch vom Rauchen nur sehr schwer loszukommen. Ich kenne das, ich habe selbst 25 Jahre lang geraucht. Wer kennt diese Bilder nicht von den Rauchern, die vor der Türe stehen, ob eisig kalt oder brütend heiss. Sie unterhalten sich und haben eine tolle Zeit zusammen, während sie rauchen. Aber in Tat und Wahrheit ist es doch so, dass sie allesamt von einem kleinen Stück Papier mit etwas getrockneten Pflanzenblättern so abhängig sind, dass sie das unbedingt überall und jederzeit tun müssen.

Das kleine Stück Papier mit seiner Füllung aus getrockneten Blättern diktiert ihnen, wann sie hinaus gehen müssen und diesen Rauch wieder in sich hinein saugen. Wer sich seinen Alltag davon diktieren lässt und nicht einmal einem Gramm Tabak widerstehen kann, wie soll dieser Mensch genügend Disziplin aufbringen, um reich zu werden? Natürlich können Sie trotzdem weiter rauchen und Ihrer Gesundheit schaden, wenn Sie das möchten. Sie müssen Ihr Verhalten nicht ändern, wenn es Sie bisher gut vorwärts gebracht hat. Falls Sie aber mit Ihrem momentanen Lebensstandard nicht richtig zufrieden sind, sollten Sie etwas an Ihrem Verhalten ändern. Bedenken Sie: Was Sie bis jetzt in Ihrem Leben getan haben, hat Sie genau dahin gebracht, wo Sie jetzt sind. Wenn Ihnen nicht gefällt, wo Sie sind, müssen Sie etwas an Ihrem Verhalten und Ihren Gewohnheiten ändern.

Übrigens hat sich gezeigt, dass Menschen lieber mit jemandem Geschäfte machen, der nicht nach Rauch riecht.

Alkohol

Dieser tritt oft zusammen mit dem Rauchen auf. Es ist nicht so, dass jedes Glas Wein schlecht ist. Auch gegen den Grappa nach der Pizza ist nichts einzuwenden. Problematisch wird es dann, wenn Sie regelmässig grössere Mengen trinken. Nicht nur, dass der Alkohol von Grund auf viel Geld kostet, auch hier müssen Sie mit vielen Folgekosten rechnen.

Einerseits sind Menschen unter Alkoholeinfluss leichtsinniger als sonst. Das kann direkt zu Folgekosten führen, indem Sie Ihr Geld dumm ausgeben, verschenken oder verlieren. Noch schlimmer ist es, wenn Sie im Alkoholrausch einen Unfall verursachen. Das ist eine der sichersten Möglichkeiten, sich dauerhaft zu ruinieren. Sollte jemand anders dabei zu Schaden kommen, kann es sein, dass Ihre Versicherung einen Teil oder sogar die ganzen Kosten von Ihnen zurückfordert. Wird jemand verletzt und arbeitsunfähig oder behindert, muss allenfalls der Lohnausfall dieser Person bis zum Pensionsalter gesichert werden. Das kann schnell in die Millionen gehen. An ein eigenes Vermögen ist in so einem Fall kaum mehr zu denken.

Seien Sie also vorsichtig mit Alkohol und denken Sie an die Folgen, wenn Sie übermässig viel trinken. Manchmal ist es billiger, mit dem Taxi oder im ÖV nach Hause zu fahren, als selbst ins Auto zu steigen, auch wenn es vielleicht nicht ganz so bequem scheint.

Illegale Drogen

Alles, was illegal ist, birgt für den Hersteller und den Händler ein hohes Risiko, deshalb sind illegale Drogen sehr teuer. Viele davon machen sehr schnell abhängig. Lassen Sie die Finger davon.

Das gilt auch für Partydrogen aller Art. Kleine, bunte Pillen scheinen auf den ersten Blick vielleicht harmlos, aber Sie wissen im Voraus kaum, was diese mit Ihnen anstellen. Das Risiko ist deutlich zu hoch. Lassen Sie es einfach sein.

Schokolade und Süssigkeiten

Warum sind diese hier bei den Suchtmitteln aufgeführt? Aus dem einfachen Grund, dass sie ebenso abhängig machen können. Jede dritte Frau und jeder sechste Mann zeigt beim Thema Schokolade einen suchtähnlichen Heisshunger. Das hat nicht nur Folgen für die Figur, sondern eben auch für den Geldbeutel.

Auch hier sollten Sie sich vor den Folgekosten in Acht nehmen. Übermässige Gewichtszunahme führt zu direkten Kosten für häufigere Arztbesuche, höhere Ausgaben für Bekleidung, Gebühren fürs Fitnesscenter und viele weitere.

Geniessen Sie ab und zu mal etwas Schokolade, seien Sie aber wachsam und bremsen Sie Ihren Süssigkeiten-Konsum, bevor es zu spät ist. Wie bei den anderen Suchtmitteln kommt man auch vom Zucker nur sehr schwer wieder los.

Energy Drinks

Man nehme Wasser, viel Zucker, etwas Koffein oder ein anderes Aufputschmittel und einige Geschmacksstoffe, fertig ist der Energy Drink. Auch hier gilt: In vernünftigen Mengen konsumiert, spricht nichts dagegen. Wer aber einfach aus Prinzip jeden Morgen einen oder zwei Energy Drinks zu sich nimmt, zeigt ebenfalls ein Suchtverhalten. Wer einen Energy Drink braucht, um wach zu werden, hat einfach zu wenig geschlafen. Das kann schon einmal vorkommen, sollte aber nicht zum Dauerzustand werden. Auch hier gehen Sie ein grosses gesundheitliches Risiko ein.

Trinken Sie morgens einen Kaffee, einen Schwarztee oder einfach ein kühles Glas Wasser und Sie werden ebenfalls erfrischt in den Tag starten.

Von einer Sucht loskommen

Es gehört zum Schwierigsten, was man sich vornehmen kann. Die Rückfallquote ist hoch. Trauen Sie es sich nicht zu, selbst von Ihren Suchtmitteln loszukommen, sollten Sie sich professionelle Hilfe holen. Ihr Vertrauensarzt weiss, wer Ihnen auf welche Weise helfen kann.

Wer sich aber für stark genug hält, kann es bei den meisten Suchtmitteln auch auf eigene Faust tun. Das Rauchen aufzuhören oder keine Schokolade mehr zu naschen, ist im Grunde kein Hexenwerk. Alles, was Sie dazu brauchen, ist ein starker Wille und den Mumm durchzuhalten.

Ich kann mich noch ganz gut erinnern, wie ich mich damals entschieden habe, mit dem Rauchen aufzuhören. Ich war an einem Seminar zur Persönlichkeitsentwicklung, als der Redner vorne sagte: „Es ist nur eine Entscheidung!" Der hatte ja gut reden, der hatte nie geraucht, im Gegensatz zu mir, der ich damals rund 25 Jahre lang geraucht hatte.

Aber dieser Satz verfolgte mich. Immer wenn ich eine Zigarette anzündete, höre ich im Kopf diese Stimme: „Es ist nur eine Entscheidung!" Und eines Tages, etwa drei Monate nach dem Seminar, traf ich diese Entscheidung für mich. Es war hart und jedes Mal, wenn mich die Lust nach einer Zigarette zu übermannen drohte, sagte ich zu mir selbst: „Es ist nur eine Entscheidung!" Man glaubt es kaum, seither habe ich keine Zigarette mehr angerührt und das jetzt schon mehr als fünf Jahre lang.

Das hört sich hier jetzt vielleicht einfach an, war es aber definitiv nicht! Es gab Tausende Situationen, in denen ich normalerweise eine Zigarette angezündet hätte: Beim Warten auf den Zug, nach dem Essen, frühmorgens zum Kaffee, in Pausen an Seminaren und viele mehr. Alle diese Situationen musste ich noch einmal durchleben und ganz bewusst in jeder einzelnen Situation wieder diese Entscheidung treffen. Das ging noch mehr als ein Jahr lang so. Die letzte Situation war dann der Langstreckenflug nach Thailand, wo ich die Raucherzone suchte, kaum war ich aus dem Flugzeug gestiegen. Und auch dort entschied ich mich gegen das Rauchen. Seither ist Schluss.

Ähnlich können Sie das mit jedem Suchtmittel tun. Sagen Sie sich einfach immer: „Es ist nur eine Entscheidung!" So wird der Konsum des Suchtmittels zur bewussten Entscheidung. Sobald Sie etwas bewusst tun, haben

Sie die Möglichkeit, darüber nachzudenken und es sich vielleicht anders zu überlegen. Probieren Sie es aus, Sie werden staunen, wie gut das funktioniert. Normalerweise müssen Sie damit die ersten drei Monate überbrücken, bis Ihre alte Gewohnheit durch eine neue überschrieben ist.

Ich wünsche Ihnen damit von Herzen viel Erfolg. Geniessen Sie die neue Lebensqualität.

2.12 Spenden

Glück ist etwas, das sich verdoppelt, wenn man es teilt. Wenn Sie beim Sparen so erfolgreich sind, wie ich denke, dann sollten Sie einen Teil Ihres Glücks mit anderen teilen.

Gut fürs Karma

Alles im Leben hat immer zwei Seiten, nicht nur unsere Banknoten und Münzen, sondern auch der Reichtum. Sie können nicht immer bekommen, ohne auch zu geben. Das würde ein Ungleichgewicht verursachen. Deshalb ist es wichtig, dass Sie regelmässig auch etwas geben.

Das kann eine Spende an ein Hilfswerk sein oder Sie arbeiten freiwillig in einem Projekt für Bedürftige mit. Vielleicht gehen Sie auch einfach mal eine Strasse entlang und sammeln herumliegenden Abfall ein. Sie können so viel Gutes tun, wenn Sie nur wollen. Glauben Sie nicht, dass niemand bemerken würde, wenn Sie solche Dinge tun.

Was auch immer Sie für die Allgemeinheit tun, wird über kurz oder lang wieder zu Ihnen zurückkommen. Jede Religion und jede Weltanschauung kennt dieses Prinzip. „Tue Gutes und Dein ist das Paradies" oder „Das Universum beschenkt die Grosszügigen."

Wer immer nur nimmt, immer nur an die Vermehrung des eigenen Wohlstands denkt, wird schon bald verschrien sein als Geizhals, als raffgierig, als Egoist.

Wer aber von seinem Reichtum etwas abgibt an jene, die zu wenig haben, wird manchmal als Wohltäter gefeiert. Doch viele dieser Philanthropen, die gerne spenden, bleiben sogar anonym. Sie wollen Gutes tun, ohne dafür eine Anerkennung zu bekommen. Die Dankbarkeit der Menschen ist ihnen Anerkennung genug.

Für andere geht man oft weiter

Vielleicht haben Sie diese Erfahrung selbst schon gemacht. Wenn Sie jemandem etwas Gutes tun wollen, ist Ihnen kein Weg zu schwer, kein Aufwand zu gross und kein Widerstand zu stark. Es gibt Geschichten von Menschen, die alleine ein Auto angehoben haben, damit eine verletzte Person darunter hervor kriechen konnte, oder die auf eine andere Art und Weise regelrecht Superkräfte bekamen, weil Sie sich für jemand anderen eingesetzt haben.

Das gilt auch finanziell. Ganz alltäglich sind die Geschichten der Männer oder Frauen, die in einem Job arbeiten, der ihnen nicht gefällt, und die noch Überzeit machen, damit sie ihrem Kind die beste Ausbildung finanzieren können. Diese Menschen gehen über ihre Grenzen hinaus, um einem geliebten Anderen etwas zu ermöglichen. Würdigen wir hier einfach mal alle alleinerziehenden Menschen, die sich selbst verbiegen, um ihrem Kind möglichst viele Chancen zu bieten.

Eine Frau, die sich aufopfert, damit die Kinder in der Gemeinde einen neuen Spielplatz bekommen, wird von überall her Unterstützung erhalten. Genauso wie jene, die alte Kinderkleider sammelt für ein Kinderheim in einem Dritte-Welt-Land. Der Geschäftsmann, der für den Bau eines Brunnens in Afrika Spenden sammelt, ebenso wie jener, der für die Aufforstung von Wäldern in Tropenregionen ein Vermögen verschenkt.

Alle diese Menschen können oft kaum sagen, wenn sie selbst einmal etwas brauchen. Wenn sie aber jemanden sehen, dem sie helfen können, setzen sie Himmel und Hölle in Bewegung.

Für andere geht alles ein bisschen leichter als für sich selbst. Sie werden sehen.

Was, wenn das Geld nicht reicht zum Spenden?

Besonders wenn Sie erst mit dem Aufbau Ihres Vermögens begonnen haben, können Sie sich vielleicht noch nicht leisten, etwas von Ihrem Geld zu verschenken. Sie können aber Zeit schenken. Wenn Sie jede Woche eine Stunde Zeit verschenken, können Sie auch viel Gutes tun.

Gehen Sie einfach mal mit offenen Augen durch die Strassen und sehen Sie sich um. Überall werden Sie Menschen antreffen, die froh über Ihre Hilfe sind. Fragen Sie doch einfach mal eine wildfremde Person: „Kann ich Ihnen etwas Gutes tun?"

Im ersten Moment werden Sie Unverständnis begegnen. Man traut Ihnen vielleicht nicht. Wer tut einem denn schon einfach so etwas Gutes? Doch dieses kritische Denken währt normalerweise nur kurz. Oft werden Sie sehen, wie das Gesicht Ihres Gegenübers regelrecht aufgeht und Sie bekommen ein dankbares Lächeln. Selbst wenn Sie nichts für diese Person tun können, haben Sie ihr dennoch einen tollen Tag beschert. Garantiert! Testen Sie das und freuen Sie sich über die Reaktionen.

Das Schöne daran ist, dass Sie sich immer besser fühlen. Sie fühlen sich selbstsicherer und erfolgreicher. Was wollen Sie mehr?

Ihr Fachwissen spenden

Der Werber kann für eine Spendensammlung kostenfreie Flyer gestalten, der Handwerker kann eine Reparatur kostenlos durchführen. Achten Sie darauf, dass der Zweck wirklich gemeinnützig ist. Wenn Sie einem Freund kostenlos das Bad umbauen, wird ihr Freund bestimmt dankbar sein, es verfehlt aber den Zweck der Gemeinnützigkeit. Deshalb ist dies ein Geschenk und keine Spende. Übrigens: Wenn es wirklich ein Freund ist, wird er sogar darauf bestehen, Ihre Leistung zu bezahlen.

Spenden in Form von Facharbeit kann also durchaus ein gutes Mittel sein, um Gutes zu tun. Oft kommt sogar etwas zurück, weil die Empfänger Ihrer Aktion darüber sprechen und von Ihrer herausragenden Leistung schwärmen. Das ist gerade für selbstständig Erwerbende gute und erst noch preiswerte Werbung.

Ihre Zeit schenken

Warum gehen Sie nicht einmal in der Woche in ein Altersheim und unterhalten sich mit den Menschen dort. Bestimmt werden Sie dort viele freundliche Menschen kennenlernen, die oft unglaubliche Geschichten zu erzählen haben. Wie die sich freuen werden, wenn Sie jemanden zum Reden haben!

Wenn Ihnen das zu extrem ist, können Sie auch in ein Café sitzen. Auch dort werden Sie Menschen kennenlernen, die oft alleine sind und keine Gesprächspartner haben. Suchen Sie das Gespräch und lassen Sie sich überraschen.

Geld spenden

Das ist wohl die einfachste und unpersönlichste Art, etwa Gutes zu tun. Sie haben unzählige Möglichkeiten, mit einer Geldspende die Welt ein bisschen besser zu machen.

Ganz gleich, ob Sie ein Patenkind in einem Entwicklungsland unterstützen oder für die Opfer einer Naturkatastrophe einen Betrag einem Hilfswerk zukommen lassen.

Verteilen Sie gerecht. Geben Sie nicht alles immer dem gleichen Hilfswerk. Geben Sie mal hierhin, mal dorthin. Oft sind kleine Organisationen mit wenig Marketingbudget mehr auf Ihr Geld angewiesen als ein grosses Hilfswerk.

In jedem Fall sollten Sie darauf achten, dass Sie eine Quittung (Spendenbescheinigung) erhalten, diese sind in vielen Kantonen steuerlich abzugsberechtigt.

Welchen Betrag sollten Sie spenden?
Als Richtwert sollten Sie 5 % Ihres Einkommens anpeilen. Das ist nicht so viel, dass es Sie schmerzt, meist aber schon genug, um etwas zu bewirken. Falls Sie sich keine Geldspende leisten können, verschenken Sie jede Woche 2 Stunden Ihrer Zeit. Das entspricht ungefähr 5 % Ihrer Arbeitszeit.

2.13 Schulden

Schulden sind nichts weiter als doppelt verbrauchtes Geld. Halten Sie sich das immer vor Augen!

Das lässt sich am einfachsten an einem Beispiel zeigen. Angenommen Sie kaufen eine schöne neue Wohnzimmereinrichtung mit Sofa, Couchtisch, einem schönen Sideboard, einem geräumigen Schrank und natürlich einem Home-Cinema-System. Dafür nehmen Sie einen Kleinkredit von 20'000 Franken auf. Sie geben also 20'000 Franken aus für Ihr neues Wohnzimmer. Während der nächsten zwei Jahre bezahlen Sie monatlich 900 Franken, um den Kredit zurückzuzahlen, also insgesamt 21'600 Franken. Wie viel haben Sie nun für Ihr Wohnzimmer ausgegeben. Normalerweise würden Sie sagen, 21'600 Franken, also 20'000 plus 1'600 Zinsen. Das ist zwar im Grunde richtig, es hat aber einen grossen Haken. Sie haben nämlich zu Beginn 20'000 ausgegeben für ein Luxusgut. Dieses Geld ist weg und Sie können es nicht mehr zurückholen. Der Wert Ihres Wohnzimmers hat sich aber kaum verändert. Sobald Sie nämlich zum ersten Mal auf Ihrem Sofa gesessen und Ihr Home-Entertainment-System genossen haben, ist das alles eigentlich nichts mehr wert. Sie können es gar nicht mehr oder kaum noch zu Geld machen.

Dafür bezahlen Sie nun aber die nächsten zwei Jahre noch insgesamt 21'600 Franken, nämlich jeden Monat 900 Franken. Nun bringen Sie aber diese Zahlungen nicht mehr mit Ihrer Wohnzimmereinrichtung in Zusammenhang. Dieses Geld werten Sie nicht als Abzahlung Ihres Sofas, sondern als Rückzahlung eines Kredits. Sie haben dann also 20'000 für Ihren Luxus ausgegeben und 21'600 für einen Kredit. Im Kopf sind das zwei komplett verschiedene Dinge!

Spielen wir dieses Spiel noch einmal durch, aber jetzt mit komplett anderen Vorzeichen. Nehmen wir einmal an, Sie hätten sich genau an die Ideen und Tipps aus diesem Buch gehalten und schön gespart, sodass Sie 40'000 Franken auf dem Konto haben, also das Doppelte von dem, was Sie für Ihr Wohnzimmer brauchen. Sie geben also diese 20'000 aus und fühlen sich gut, weil Sie sich etwas so Tolles leisten können. Sie geniessen das Sitzen auf Ihrem nagelneuen Sofa und freuen sich über den atemberaubenden Film in Ihrem Heimkino. Das Beste ist, Sie haben immer noch 20'000 auf dem Konto! Nur mal angenommen, Sie würden sich jetzt dazu entschliessen, monatlich 900 Franken statt an ein Kreditunternehmen auf Ihr Sparkonto einzuzahlen. Dann hätten Sie zwei Jahre später sogar mehr Geld als vorher, nämlich 41'600 Franken. Sie könnten sich jetzt vielleicht ein komplett neues Schlafzimmer mit Wasserbett für 20'800 Franken leisten! Wie cool wäre das denn?

Das Thema Imponiergehabe

Es gibt Menschen, die geben Geld aus, das sie nicht haben, um Menschen zu imponieren, die sie nicht mögen.

Kleinkredite sind oft Zeichen von Imponiergehabe. Das kann beispielsweise dann sein, wenn ein junger Mann kurz nach der Autoprüfung einen Luxusschlitten im Wert von 50'000 Franken kauft. Diesen Wagen kauft er nur, um anderen zu imponieren, um zu zeigen, was für ein toller Hecht er ist. Das ist normal in diesem Alter. Allerdings kann das Spätfolgen haben, weil er somit direkt auch lernt, mit Schulden zu leben. Oft führt das in einen Teufelskreis, aus dem er kaum wieder herausfindet. Viele Jahre lang kämpft er dann damit, aus diesem Schuldensumpf wieder herauszukommen.

Jungen Frauen passiert so etwas weniger häufig, doch auch diese sind gefährdet durch übermässige Ausgaben für Kleidung und Schönheit.

Wenn man hört, wie junge Frauen bereits plastische Operationen machen lassen, die Nase korrigieren, den Busen vergrössern oder sich Speckröllchen absaugen lassen, zeigt sich auch dort erhebliches Schuldenpotenzial.

Altlasten

Vielleicht haben Sie noch alte Schulden, die Sie noch zurückzahlen müssen. Dann tun Sie das so schnell wie möglich. Je schneller Sie schuldenfrei sind, umso schneller können Sie Ihr Vermögen ansparen. Denken Sie aber immer daran, dass Sie sich selbst zuerst bezahlen.

Legen Sie immer als Erstes 10 % Ihres Einkommens auf Ihr Sparkonto. Dann nehmen Sie weitere 10 % und bezahlen damit Schulden ab. Von den restlichen 80 % bezahlen Sie Ihre laufenden Lebenskosten. Vielleicht müssen Sie sich hier etwas einschränken. Das ist auch dringend nötig. Offenbar haben Sie zuvor über Ihre Verhältnisse gelebt, sonst hätten Sie keine Schulden abzuzahlen.

Diese Situation können Sie jetzt zu Ihrem Vorteil nutzen. Wenn Sie nämlich mit 80 % Ihre Einkommens auskommen müssen, lernen Sie, dass dies ohne grössere Einschränkungen möglich ist. Das bereitet Sie gut vor auf Ihre Pensionierung. Viele Rentenmodelle rechnen nämlich mit einer Rente von 80 % des Berufseinkommens. Dafür brauchen Sie „nur" Ihre AHV, eine gute Pensionskasse sowie zusätzlich ein Guthaben in der Säule 3a, auf dem Sie jährlich den Maximalbetrag eingezahlt haben. Wenn Sie bei einer dieser drei Säulen einen Ausfall haben, werden Sie im Rentenalter mit deutlich weniger als 80 % Ihres momentanen Einkommens auskommen müssen. Damit zurecht zu kommen, können Sie jetzt schon üben.

Was, wenn 10 % Ihre Einkommens nicht reichen zur Rückzahlung aller Schulden? Dann sollten Sie sich auf jeden Fall fachmännische Unterstützung bei der Ordnung Ihrer Finanzen holen. Schuldenberatungsstellen helfen Ihnen, einen Plan zu entwerfen und umzusetzen. Je früher, desto besser.

Und reden Sie mit Ihren Gläubigern. Vielleicht können Sie längere Zahlungsziele aushandeln oder gar einen Teilerlass Ihrer Schulden. Treffen Sie eine schriftliche Vereinbarung, wie Sie Ihre Schulden abzahlen, und halten Sie sich peinlich genau daran. Das zeigt Ihren Gläubigern, dass Sie Wort halten und ein verlässlicher Schuldner sind. Wenn ein Mensch schon alles Geld verloren hat, sollte er wenigstens seine Ehre und Aufrichtigkeit behalten. Das ist eine gute Grundlage für späteren Erfolg.

Ihre Einstellung gegenüber Schulden

Sie sind kein schlechter Mensch, wenn Sie Schulden haben. Sie haben vielleicht etwas über Ihre Verhältnisse gelebt oder sind vielleicht sogar durch einen Unglücksfall in die Schuldenfalle getrieben worden. Ihre finanziell angespannte Lage bedeutet aber nicht, dass Sie ein schlechter Mensch sind.

Ganz im Gegenteil. Wenn Sie sich hinsetzen und Ihren Verpflichtungen nachkommen, heisst das, dass Sie ein anständiger und vertrauenswürdiger Mensch sind. Sie kümmern sich um Ihre Angelegenheiten und setzen alles daran, Ihre Schulden zu begleichen.

Natürlich ist das Leben einfacher, wenn man sich nicht mit Altlasten beschäftigen muss, doch manchmal ist das unvermeidlich. Nutzen Sie diese Chance, um etwas für Ihre Zukunft zu lernen.

Wer sich von ganz unten nach ganz oben arbeitet, kann stolz auf sein Lebenswerk zurückblicken. Mit nichts oder sogar weniger als nichts anzufangen, macht den Erfolg noch etwas grösser, wenn Sie es dann geschafft haben.

Schulden zu haben ist nicht schlecht, nur Schulden nicht zurückzuzahlen. Das ist unfair denen gegenüber, die Ihnen vertraut haben und Ihnen in diesem Vertrauen einen Kredit gegeben haben.

Das gilt übrigens auch für alle Dinge, die Sie auf Rechnung bestellen. Wenn Ihnen jemand eine Ware überlässt und Ihnen 30 Tage zur Bezahlung Zeit lässt, schenkt er Ihnen einen grossen Vertrauensvorschuss. Seien Sie vorsichtig, wie Sie mit diesem Vertrauen umgehen. Ist Ihr Ruf nämlich mal ruiniert, wird es schwierig, den wieder zu korrigieren.

Hypotheken

Diese sind zwar auch Schulden, doch hier herrscht eine etwas andere Situation. Die steuerliche Situation in der Schweiz begünstigt Hypotheken. Weil Schuldzinsen steuerlich abzugsberechtigt sind und gegen den Eigenmietwert aufgerechnet werden können, kann es sinnvoll sein, eine Hypothek nicht zu amortisieren. Das heisst aber nicht, dass Sie dieser Schuld keine Beachtung schenken sollen.

Es kommt nämlich irgendwann der Zeitpunkt, an dem Ihr Einkommen kleiner wird. Das kann beispielsweise vorkommen, wenn Sie das Rentenalter erreichen. Dann wird Ihre Bank Ihre Kreditwürdigkeit neu beurteilen. Die Tragbarkeit Ihrer Liegenschaft muss dann immer noch gewährleistet sein.

Das kann zu ganz hässlichen Szenen führen, wenn Sie sich darauf nicht vorbereiten.

Deshalb sollten Sie sich beispielsweise mit einem Säule-3a-Konto schon während ihres Berufslebens ein Polster ansparen, das Sie verwenden können, um Ihre Hypothek zu amortisieren, wenn Sie das Pensionsalter erreichen.

2.14 Multiple Ströme passiven Einkommens

Wenn Sie Ihr Vermögen steigern wollen, sollten Sie sparen. Allerdings reicht das alleine oft nicht. Sie müssen gleichzeitig auch Ihr Einkommen erhöhen. Und da stossen Sie irgendwann an eine Grenze, nämlich an jene der Zeit. Wenn Sie nur durch Ihre Arbeit respektive Ihre Anwesenheit an einem Arbeitsplatz Geld verdienen, limitiert die Zeit Ihre Einkommensmöglichkeiten.

Um das Einkommen weiter wachsen zu lassen, müssen Sie sich von diesem Limit befreien. Das Zauberwort hierbei lautet: passives Einkommen.

Passives Einkommen

Das bedeutet, dass Sie Geld verdienen, ohne dass Sie dafür Ihre Zeit einsetzen müssen. Es gibt viele Möglichkeiten, passives Einkommen zu verdienen. Das bekannteste Beispiel sind vermutlich die Zinsen, die Sie auf Sparkonten oder für Obligationen erhalten – oder früher erhalten haben. Da bekommen Sie ohne Ihr Zutun Geld auf Ihr Konto überwiesen. Sie müssen nichts unternehmen, können das Geld einfach auf dem Konto liegen lassen und es vermehrt sich langsam und beständig.

Leider ist diese Form des passiven Einkommens in den letzten Jahren komplett weggefallen. Ganz im Gegenteil kostet ein Sparkonto heute in manchen Fällen schon mehr als es an Zinsen einbringt.

Da tut man gut daran, sich nach weiteren Quellen passiven Einkommens umzusehen.

Gerade das Beispiel mit den Zinsen zeigt eindrücklich, dass auch Einkommensquellen, die lange als sicher und zuverlässig gegolten haben, plötzlich versiegen können. Darum sollten Sie nie alles auf eine Karte setzen.

Bauen Sie sich mit der Zeit mehrere passive Einkommensströme auf. Wenn einer davon mal etwas schlechter läuft oder Sie dort vielleicht sogar Geld verlieren, haben Sie andere, mit denen Sie gut verdienen.

Schauen Sie sich um, seien Sie offen für Angebote, dann können Sie die eine oder andere gute Investition tätigen.

Passen Sie einfach auf, dass Sie nur in Dinge investieren, die Sie verstehen. Wenn Sie ein Geschäftsmodell angeboten bekommen, das Sie nicht verstehen, lernen Sie alles darüber, was Sie finden können, oder lassen Sie die Finger davon. Investieren Sie erst, wenn Sie wissen, wie sich die Investition für Sie auszahlt.

Sparkonten / Staatsanleihen / Obligationen

Diese Arten des passiven Einkommens sind lange bekannt und können gut eingeschätzt werden. Sie unterliegen nur langsamen Schwankungen, allerdings taugen Sie zurzeit nicht als Investition, weil sie kaum noch Zinsen einbringen.

Es gibt zwar noch Staatsanleihen, die gute Zinserträge versprechen, allerdings ist dort auch das Risiko sehr hoch, weil diese Staaten oft am Rande des Staatsbankrotts stehen.

Wenn Sie eine Staatsanleihe kaufen, sollten Sie etwas über den entsprechenden Staat wissen. Sie sollten sich im Klaren sein über seine Verschuldung im Verhältnis zu seinem Bruttoinlandsprodukt (BIP). Sie sollten Bescheid wissen über die politische Situation und die Stabilität der Regierung. Nur so können Sie abschätzen, welches Risiko Sie damit eingehen.

Auch wenn solche Anlageformen im Moment nicht sehr interessant sind, lohnt sich doch ein genauer Blick darauf. Tiefen Zinsen bedeuten normalerweise auch kleine Risiken. Und dennoch kann mit einem tiefen Zinssatz ein schöner Betrag zusammenkommen. Vor allem, wenn Sie das Geld nie anrühren, sondern die Zinsen einfach alljährlich das Anlagevermögen erhöhen.

Stellen Sie sich vor, sie hätten seit 20 Jahren 1'000 Franken pro Jahr auf einem Sparkonto mit einem Zins von 2 % angelegt. Wie viel wäre das bis jetzt?

Jahr	Kontostand	Jahr	Kontostand
1	1'020.00	11	12'412.09
2	2'060.40	12	13'680.33
3	3'121.61	13	14'973.94
4	4'204.04	14	16'293.42
5	5'308.12	15	17'639.29
6	6'434.28	16	19'012.07
7	7'582.97	17	20'412.31
8	8'754.63	18	21'840.56
9	9'949.72	19	23'297.37
10	11'168.72	20	24'783.32

Auf www.sparenmachtspass.ch finden Sie diese Tabelle als Vorlage für Ihre eigenen Berechnungen.

Sollten Sie darüber nachdenken, Anlagen in Fremdwährung zu kaufen, müssen Sie sich auch im Klaren sein über Wechselkursrisiken. Als vor gut 15 Jahren der Euro als Zahlungsmittel in grossen Teilen Europas eingeführt wurde, stand der Wechselkurs bei CHF 1.60 pro Euro. Heute liegt er irgendwo um CHF 1.20. Hätten Sie damals 10'000 Franken in Euro investiert, wären diese jetzt noch 7'500 Franken wert. Um den Kursverlust aufzufangen, hätten Sie 15 Jahre lang einen jährlichen Zins von rund 2 % erwirtschaften müssen. Und damit hätten Sie nur Ihr Startkapital zurück, Sie hätten noch nichts verdient.

Aktienmärkte / Aktienfonds

Langfristig denkende Anleger fahren mit Aktien oft nicht schlecht. Aktien machen Sie zum Miteigentümer eines Unternehmens und solange dieses Unternehmen Gewinne einfährt, werden Sie dafür mit Dividenden belohnt. Das heisst, ein Teil des Unternehmensgewinns wird an die Aktionäre ausgeschüttet.

Darüber hinaus kann natürlich der Wert der Firma und somit Ihres Anteils steigen. Langfristig haben sich Aktien als stabile Anlageform erwiesen, weil auch Rückschläge über die Jahre hinweg gut aufgefangen werden.

Natürlich sollten Sie nicht alles auf eine Karte setzen. Wenn Sie sich ein breit abgestütztes Aktienportfolio nicht leisten können, bieten viele Banken und Vermögensverwalter Aktienfonds an. Dabei kauft das Fondsvermögen Aktien verschiedener Firmen und Sie kaufen lediglich Anteile an diesem Fonds. So können Sie 0.1 Aktie einer Firma besitzen und 1.3 Aktien einer anderen. Sie sind also gut diversifiziert und gegen Abstürze einzelner Firmen einigermassen geschützt.

Auch bei Fonds können Sie natürlich in ein Klumpenrisiko hineinlaufen, dann nämlich, wenn Sie nur auf eine Branche setzen. Hätten Sie im Jahre 2006, als viele Banken hohe Gewinne schrieben, in einen Aktienfonds mit nur Bankaktien investiert, hätten Sie zwei Jahre später viel Geld verloren, als die Bankenkrise von Amerika her über die Welt hereinbrach.

Immobilien

Viele Pensionskassen setzen auf Immobilien, um damit die Erträge zu generieren, die für die Ausrichtung der Renten nötig sind. Immobilien gelten als relativ sichere Alternative, da sie regelmässige, berechenbare Mieterträge einbringen.

Natürlich gibt es auch bei Immobilien wie in jedem Markt die Gefahr einer Blasenbildung, das heisst, die Preise der Immobilien übersteigen deren Werte deutlich. Das wird sich irgendwann wieder korrigieren und manche Investoren werden dabei viel Geld verlieren.

Auch hier gilt: Investieren Sie nur, wenn Sie wissen, was Sie tun!

Für kleinere Sparer sind Immobilien allerdings nur schwer zu finanzieren, da diese jeweils eine hohe Startinvestition benötigen. Normalerweise benötigt die Finanzierung einer Liegenschaft zwischen 20 und 30 % Eigenkapital. Das geht schnell in die Hunderttausende, die flüssig verfügbar sein müssen.

Dafür bringen sie dann natürlich auch eine Rendite auf dieses Eigenkapital von bis zu 10 %. Durchaus eine lohnende Investition, wenn man in der Lage ist, dieses Eigenkapital aufzubringen.

Hüten Sie sich aber davor, nur einen Anteil an einer Liegenschaft als Investition zu kaufen. Kaufen Sie nur eine einzelne Wohnung im Stockwerkeigentum, haben Sie keine Kontrolle über Nebenkosten und Investitionen. Sie sind abhängig von den anderen Wohnungsbesitzern in der Liegenschaft, die oft auch dort wohnen. Da laufen die Interessen schnell auseinander. Wer ein Haus selbst bewohnt, gibt leichter Geld aus für den Unterhalt als jemand, der eine Wohnung möglichst gewinnbringend vermieten will. Diesen Konflikt können Sie nur vermeiden, wenn das gesamte Gebäude oder mindestens die Mehrheit Ihnen gehört.

Warten Sie lieber etwas länger und kaufen Sie eine komplette Liegenschaft. Für den Anfang reichen vermutlich 4 – 5 Wohnungen. Achten Sie darauf, dass Sie Ihre Liegenschaften mit Bedacht auswählen. Sind die Wohnungen zu teuer, sind sie schwer zu vermieten, sind die Wohnungen billig, haben Sie häufigere Mieterwechsel. Streben Sie eine Nettorendite von 5 % an, das heisst, die Netto-Mieterträge pro Jahr sollten mindestens 5 % des Kaufpreises ergeben.

Wenn Sie von einem Kaufpreis zwischen 800'000 und 1'000'000 ausgehen, müssen Sie ca. 200'000 Eigenkapital dafür aufwenden. Das klingt nach viel, wenn Sie aber nach den Vorschlägen in diesem Buch sparen, ist das vielleicht einfacher als sie denken.

Nehmen wir an, sie schaffen 20'000 Franken pro Jahr. Dann haben Sie nach 10 Jahren 200'000 Eigenkapital beisammen für Ihre erste Liegenschaft. Diese bringt Ihnen dann nach Abzug aller Kosten rund 20'000 Franken ein. Weil Sie jedoch immer noch gut sparen, haben Sie dann jedes Jahr Ihre 20'000 und dazu die 20'000 aus der Liegenschaft, also total 40'000 pro Jahr. Fünf Jahre später haben Sie bereits genug für die nächste Liegenschaft, die dann auch wieder 20'000 Netto-Ertrag bringt, insgesamt also 60'000. Nach 3.5 Jahren ist es wieder so weit. Die nächste Liegenschaft liegt in Reichweite und steigert Ihr jährliches Sparkapital auf 80'000. Rechnen Sie jetzt selbst so lange weiter, bis Sie Ihr gewünschtes passives Einkommen erreicht haben. Sie werden selbst feststellen, dass es immer schneller geht.

Network-Marketing / Multi-Level-Marketing

Wer sich mit dem Thema Passiveinkommen beschäftigt, stösst früher oder später auf Angebote nach dem Prinzip des Network-Marketings, bekannte Marken sind beispielsweise Amway, Herbalife oder Tupperware. Wenn Sie über ein grosses Netzwerk von Freunden und Bekannten verfügen und ein motivierender Typ sind, können Sie damit ein gutes zusätzliches Einkommen generieren.

Allerdings können solche Systeme nicht wirklich als „passive" Einkommen gewertet werden. Sie brauchen besonders zu Beginn viel Zeit, um eine Downline aufzubauen, also ein Netz von Wiederverkäufern, die für Sie eine Provision generieren.

Manche dieser Produkte und Marken sind schon lange erfolgreich, andere kommen neu auf den Markt und verschwinden bereits nach kurzer Zeit wieder. Deshalb sollten Sie darauf achten, dass Sie immer Ihre Fühler nach neuen Trends ausstrecken und wieder aussteigen, bevor Sie Geld verlieren.

Hüten Sie sich vor Produkten, die keine wirklichen Produkte sind. Die Grenze zu illegalen Schneeballsystemen ist schnell überschritten. Wenn sich ein Einkommen vor allem aus dem Anwerben von Neumitgliedern generiert und nicht aus dem Verkauf eines Produkts, gilt das als illegales Schneeballsystem. Ein gewaltiges Risiko, das zum Verlust des ganzen investierten Geldes führen und vielleicht sogar noch Gerichtskosten nach sich ziehen kann.

Kunst / Hobbys

Es gibt Menschen, die verbringen ihre Freizeit mit künstlerischer Aktivität. Manche schreiben Bücher, andere malen Bilder, wieder andere stricken schöne Pullover. Das sind zwar keine passiven Einkommen, weil Sie dafür ja Ihre Zeit einsetzen.

Der Punkt ist aber der, dass Sie diese Tätigkeiten ausüben, weil sie Ihnen Spass machen, weil Sie gerne kreativ arbeiten, weil Sie gerne gestalten. Machen Sie Ihr Hobby zu Geld! Wenn Sie gerne schöne Bilder malen, sprechen Sie doch einmal einen Galeristen an, ob er Ihre Werke ausstellt. Oder Sie fragen im Restaurant / Café im Dorf. Versprechen Sie dem Wirt eine Provision, wenn er ein Bild verkauft. Vielleicht können Sie damit ein schönes Zusatzeinkommen generieren.

Oder Sie sind als Komiker aktiv und verdienen an Vereinsabenden einen Zusatzverdienst, einfach, weil es Ihnen Spass macht, vor anderen Menschen zu stehen und diese zum Lachen zu bringen.

Es ist zulässig, Geld dafür anzunehmen, auch wenn es Ihnen Spass macht! Es ist sogar fair, weil Sie diese Menschen mit Ihrer Kunst bereichern und dafür ein Honorar verdienen.

Und damit das hier einfach einmal schwarz auf weiss geschrieben steht:

Sie sind gut genug!

Überwinden Sie Ihren inneren Kritiker, der Ihnen zu sagen versucht, Ihre Kunst würde nicht ausreichen, um dafür Geld zu verlangen. Glauben Sie diesem inneren Kritiker nicht. Sie sind gut! Ihre Werke sind gut! Lassen Sie sich dafür bezahlen!

Online-Verdienst

Das Internet-Zeitalter eröffnet eine Fülle von neuen Verdienstmöglichkeiten. Es gibt Menschen, die werden mit einem Youtube-Kanal zum Millionär. Sie nutzen eine kostenlose Software, um unterhaltsame Filme zu produzieren, finden ein grosses Publikum und verdienen durch Werbeeinnahmen auf Ihren Videos Millionen.

Andere machen mit in einem Affiliate-System, das heisst, Sie empfehlen Produkte weiter und erhalten dafür eine Provision.

Wenn Sie gerne lesen, können Sie ein Blog erstellen, in dem Sie jede Woche eine Buchkritik veröffentlichen. Verlinken Sie dort auf das Buch zum Beispiel bei Amazon und Sie können eine Provision erhalten für jede Bestellung, die über diesen Link erfolgt.

Es gibt viele dieser Affiliate-Systeme, bei denen Sie mit Ihrem Hobby einen Zusatzverdienst generieren können.

Vermieten Sie Ihr Sofa / Gästezimmer

Vielleicht haben Sie ein Gästezimmer, das nur selten benutzt wird. Dann könnten Sie dieses vielleicht an Touristen vermieten. Services wie Airbnb.com oder Ähnliche bringen einen netten Nebenverdienst, indem Sie Ihr Gästezimmer an Gäste aus aller Welt vermieten.

Allerdings sollten Sie offen sein gegenüber Fremden und über Fremdsprachenkenntnisse verfügen. Dann könnten Sie interessante Begegnungen haben und dabei noch ein paar Franken extra verdienen. Vergessen Sie aber nicht, das auch der Steuer anzugeben.

Beachten Sie, dass Mieter für diese Art der Untervermietung ebenfalls eine schriftliche Bewilligung des Vermieters brauchen.

Ihre eigenen Ideen

Lassen Sie einfach mal Ihre Gedanken etwas wandern. Was könnten sie der Menschheit anbieten? Was können Sie besonders gut? Wie könnten Sie das zu Geld machen?

Sprechen Sie mit Ihren Freunden und Verwandten darüber. Oder schauen Sie sich im Internet um, was andere gemacht haben.

3. Innere Voraussetzungen

3.1 Die richtige Einstellung

Wenn Sie sich beim Lesen öfters gefragt haben, ob Sie das wirklich brauchen, dann kommt jetzt die wichtigste aller Botschaften. Wenn Ihre Einstellung dem Sparen gegenüber nicht stimmt, dann werden Sie Ihre Ziele nicht erreichen.

Wofür sollten Sie sich das antun? Diese Frage haben Sie sich vielleicht gestellt und hier kommt sie direkt wieder zu Ihnen zurück: Ja, warum sollten Sie sich das antun? Diese Frage können nur Sie selbst beantworten! Was ist Ihr Ziel? Ist es ein ruhiger Lebensabend an einem Traumstrand? Oder wollen Sie einfach nicht mehr arbeiten müssen? Wollen Sie Ihren Kindern eine sorgenfreie Zukunft ermöglichen? Oder wollen Sie endlich Ihr Traumhaus kaufen?

Glaubenssätze

Bei all diesen Zielen kommt Ihnen manchmal Ihre innere Einstellung in die Quere. Alte Glaubenssätze, die sich von klein auf eingebrannt haben, oder neuere, die Sie im Laufe Ihres Lebens selbst gelernt haben. Vor allem Ihre Einstellung reichen Menschen gegenüber hat Glaubenssätze geformt, die Sie in Ihrem ganzen Leben begleiten. Schauen wir uns einzelne Glaubenssätze einmal genauer an:

Glaubenssatz: Reiche Menschen sind egoistisch / Betrüger

Wenn Sie diesen Glaubenssatz verinnerlicht haben, werden Sie sich unbewusst immer wieder selbst sabotieren. Denn wenn Sie reich werden wollen, reiche Menschen aber Betrüger sind, würde das bedeuten, dass Sie selbst ein Betrüger werden müssten. Und das wollen Sie natürlich nicht! Dieser Glaubenssatz kommt oft bei Menschen vor, die anderen den Erfolg nicht gönnen oder neidisch sind.

Wenn Sie das glauben, überschreiben Sie diesen Glaubenssatz zum Beispiel durch: Reiche Menschen sind oft grosszügig.

Glaubenssatz: Geld allein macht nicht glücklich

Das stimmt zwar, Geld allein macht nicht glücklich. Aber ohne Geld zu leben, macht auch nicht glücklich. Tatsächlich macht Geld glücklich, indem es die wesentlichen Sorgen des Lebensunterhalts wegräumt. Wenn ausreichend Nahrung, ein Dach über dem Kopf und die Gesundheitsversorgung gesichert sind, ist glückliches Leben gut möglich. Natürlich braucht es nicht nur Geld, sondern auch eine erfüllende Beziehung, sinnvolle Betätigung, Rechts- und Vermögenssicherheit und noch vieles mehr. Das zeigen auch die Bestrebungen mancher Gruppen von Menschen, die gerne ein bedingungsloses Grundeinkommen einführen möchten. Eben weil ausreichend Geld eine Grundvoraussetzung für ein glückliches Leben ist.

Ersetzen Sie diesen Glaubenssatz beispielsweise durch: Geld erleichtert ein erfülltes Leben.

Glaubenssatz: Reiche Menschen sind geizig / gierig

Diesen Glaubenssatz gibt es in beiden Versionen häufig. Vielleicht gibt es sogar Menschen, die mit Geiz oder Gier ein grosses Vermögen anhäufen, doch die meisten reichen Menschen sind äusserst grosszügig. Sie geben oft und gern. Sie beschäftigen meist Personal, das heisst, sie sorgen für Arbeitsplätze und damit indirekt auch für andere Menschen, indem sie ihnen einen Verdienst ermöglichen.

Menschen, die ein Geschäft aufgebaut haben und damit reich geworden sind, können das in den wenigsten Fällen ganz alleine. Auch diese haben immer Teilhaber, Mitarbeitende und Angestellte, die von ihrem Erfolg direkt oder indirekt profitieren. Sie gehen hohe Risiken ein, um ein Unternehmen aufzubauen. Sie schaffen Arbeitsplätze und sichern damit das Einkommen von vielen Familien. Das hat weder mit Gier noch mit Geiz zu tun.

Ersetzen Sie diesen Glaubenssatz zum Beispiel durch: Reiche Menschen sind vertrauenswürdig und anständig.

Reiche Menschen beuten andere aus

Es gibt vielleicht einzelne, die andere ausbeuten, aber auch hier ist die grosse Masse der reichen Menschen ganz anders. Um reich zu werden, muss man vertrauenswürdig sein. Wenn Sie jemandem nicht vertrauen würden, gäben Sie ihm dann Ihr hart verdientes Geld? Wohl kaum! Man muss vertrauenswürdig sein, um von anderen Menschen Geld zu bekommen. Man muss freundlich und nett sein als Arbeitgeber, ansonsten findet man keine Mitarbeitenden und kein Geschäft kann ohne ein gutes und loyales Team erfolgreich sein. Wenn der Chef seine Mitarbeiter ausbeutet, ist sein Ruf sehr schnell ruiniert, er findet keine Angestellten mehr und muss sein Geschäft aufgeben. Darum wird er damit auch nicht reich werden.

Ersetzen Sie diesen Glaubenssatz beispielsweise durch: Reiche Menschen sind grossherzige Arbeitgeber.

Glaubenssatz: Geld ist die Wurzel allen Übels

Kaum ein Glaubenssatz ist so gefährlich für Ihre finanzielle Entwicklung wie dieser. Wenn Sie nämlich glauben, dass Geld die Wurzel allen Übels ist, werden Sie unbewusst immer sofort alles Geld loswerden, sobald sie es haben. Ohne Sie persönlich zu kennen, wage ich hier die Vermutung, dass Ihr Kontostand gerade mal so zum Leben reicht, wenn überhaupt. Richtig? Wer glaubt, dass Geld die Wurzel allen Übels ist, der wird sich hüten, dieses gefährliche Gut zu sich ins Haus zu holen.

Ersetzen Sie diesen Glaubenssatz unbedingt durch einen Glaubenssatz wie diesen: Geld sichert meine Zukunft und die meiner Kinder.

Glaubenssatz: Geld ist nicht wichtig

Auch das ist eine typische Aussage von Menschen, die kein Geld haben. Natürlich ist Geld wichtig, und zwar für all jene Probleme, die Geld für Sie lösen kann. Sie brauchen Geld, um Ihre Wohnung zu finanzieren, Sie brauchen Geld, um Ihr Essen zu kaufen, Sie brauchen Geld, um Kleider zu haben. Das ist ein Teil unserer Gesellschaft.

Wenn Sie zu sich selbst sagen, Geld sei nicht wichtig, warum sollen Sie dann Geld haben? Wenn Sie zu sich selbst sagen, Freunde seien nicht wichtig, würden Sie dann Freunde haben? Oder wenn Sie zu sich selbst sagen, ein Motorrad sei nicht wichtig, würden Sie dann ein Motorrad haben? Natürlich nicht!

Also hören Sie auf damit, sich selbst einzureden, Geld sei nicht wichtig! Ersetzen Sie diesen Glaubenssatz unbedingt durch einen wie diesen: Geld ist wichtig für mein Leben, weil ich damit für meine Liebsten sorgen kann.

Glaubenssatz: Geld ist nicht so wichtig wie ...

Geld ist nicht so wichtig wie Liebe / Familie / Arbeit. Suchen Sie sich etwas aus. Alles davon ist Unsinn! Geld ist wichtig für all jene Probleme, die durch Geld gelöst werden können. Geld ist unwichtig für alle jene Probleme, die mit Liebe / Familie / Arbeit gelöst werden können.

Bezahlen Sie im Supermarkt doch mal Ihre Einkäufe mit Liebe. Lächeln Sie die Person an der Kasse freundlich an und streicheln Sie Ihr über den Rücken. Überschütten Sie sie förmlich mit Ihrer Liebe als Gegenleistung für Ihre Einkäufe. Absurd, oder?

Ohne Geld können Sie Ihre Einkäufe nicht bezahlen. Da hilft keine Liebe. Also hören Sie auf zu vergleichen. Ersetzen Sie diesen Glaubenssatz vielleicht durch: Geld ist wichtig für alle Probleme, die Geld lösen kann. Liebe ist wichtig für alle Probleme, die Liebe lösen kann.

Hilfreiche Glaubenssätze können sein:

- Geld bietet mir Sicherheit
- Geld bietet mir die Freiheit, das zu tun, was ich möchte
- Geld bietet mir Unabhängigkeit
- Geld erleichtert mir den Alltag
- Je mehr Geld ich habe, umso mehr kann ich spenden
- Geld ist die Wurzel alles Guten
- Geld verstärkt meine guten Eigenschaften
- ...

Bestimmt finden Sie eigene Formulierungen, die zu Ihnen passen. Achten Sie einfach darauf, dass diese positiv formuliert sind, also kein „nicht" oder „weniger" oder „un..." oder „kein" enthalten. Sagen Sie sich diesen Glaubenssatz jeden Morgen gleich nach dem Aufstehen fünf Minuten lang. Wenn Sie das drei Monate lang jeden Tag tun, können Sie sich selbst beeinflussen und alte Glaubenssätze durch neue, hilfreiche ersetzen, die Ihnen helfen, finanziell unabhängig zu werden.

Denken Sie an den finanziellen Thermostaten. Auf welchen Betrag ist Ihr Thermostat eingestellt? Welches Vermögen wäre für Sie noch vorstellbar im Sinne von: Damit kann ich gut umgehen?

Oft stellen sich Menschen einen Betrag vor, über den sie gerne verfügen würden, sobald ihnen dann aber jemand genau diesen Betrag anbietet, kommt die Angst hinzu.

Bestimmt werden auch Sie bei Ihren Investitionen Fehler machen. Da kann es gut sein, dass Sie mal einen gewissen Betrag verlieren. Was wäre für Sie ein denkbarer Verlust? 1'000 Franken, 10'000, eine Million?

Gehen wir davon aus, dass man normalerweise einen Verlust von 10 % des Vermögens noch verkraftet ohne grössere Einschnitte. Dann können Sie jetzt mit einer einfachen Rechnung abschätzen, wie Ihr Thermostat ungefähr eingestellt ist. Multiplizieren Sie den denkbaren Verlust aus der vorigen Frage einfach mit dem Faktor 10. Das ergibt das Vermögen, mit dem Sie sich trauen umzugehen. Wenn dies nun unter Ihrem Ziel liegt, müssen Sie unbedingt an sich arbeiten und an Ihrer Einstellung dem Geld gegenüber.

Sparpotenziale suchen und ausschöpfen

Sie werden nicht daran vorbei kommen, immer wieder neue Sparpotenziale zu suchen. Sie werden regelmässig Ihre Verträge zum Beispiel mit Versicherungen überprüfen müssen. Auch wenn Sie neue Anschaffungen planen, werden Sie Zeit investieren müssen, um das günstigste Angebot zu finden.

Sparpotenziale suchen, heisst nicht geizig sein

Wer kostenbewusst agiert, gilt schnell einmal als geizig. Machen Sie sich aber eines bewusst: Sie sind nicht geizig, wenn Sie für alles das günstigste Angebot suchen, sondern Sie befassen sich mit Ihrem Geld. Sie widmen Ihrem Geld die Aufmerksamkeit, die es verdient. Immerhin soll es Ihnen viele Wünsche erfüllen.

Es gibt keinen vernünftigen Grund, für die gleiche Leistung mehr zu bezahlen. Besonders wenn es auch noch unter „Freunden" geschieht. Wenn es echte Freunde sind, werden Sie Ihnen ein ebenbürtiges Angebot machen.

Halten Sie Ihre Pläne geheim

Wenn Sie anfangen zu sparen, werden viele Menschen in Ihrer Umgebung das nicht verstehen. Das ist normal. Und viele davon werden versuchen, Sie zu belehren, Ihnen dieses Sparen auszureden. Deshalb sollten Sie zu Anfang niemandem etwas erzählen.

Behalten Sie Ihre Pläne für sich, setzen Sie diese um, ohne viel darüber zu sprechen. Falls Sie das dennoch tun, werden Sie feststellen, dass eigentlich jeder eine Meinung dazu hat und Ihnen erklären will, warum das für Sie nicht funktionieren kann. Lassen Sie sich davon nicht abbringen. Fragen Sie sich stattdessen, ob dieser Mensch, der Ihnen da etwas zu erklären versucht, aus Erfahrung spricht. Wenn es jemand ist, der selbst reich ist, wird er sie in Ihrem Bestreben unterstützen. Ist es aber jemand, der gerade mal so über die Runden kommt, wird er Ihnen zeigen, wie Sie auch gerade mal so über die Runden kommen. Warum? Weil er nichts anderes kann!

Also, wenn Sie jemandem von Ihren Pläne erzählen müssen oder wollen, dann suchen Sie sich jemanden aus, der bereits einen grossen Schritt weiter ist als Sie und holen Sie sich wertvolle Tipps.

Wie Ihr Freundeskreis Ihre Finanzen beeinflusst

Menschen suchen die Gesellschaft von ihresgleichen. Es hat sich gezeigt, dass jene Menschen, mit denen wir uns oft unterhalten, ungefähr den gleichen Vermögensstand haben, das heisst, unsere Freunde verfügen normalerweise über +/- 15 % des Vermögens, das wir selbst haben.

Was passiert nun, wenn jemand in eine andere Vermögensklasse aufsteigen will. Er passt nicht mehr zu seinen Freunden. Er muss sich einen neuen Freundeskreis aufbauen. Das kann bitter sein. Wer das aber nicht tut, sondern seinen alten Freunden treu bleibt, wird auch seinem finanziellen Status treu bleiben. Anders geht das nicht.

Wenn Sie nun Ihren Plan, reich zu werden, anpacken, sollten Sie auch Ihren Freundeskreis genau unter die Lupe nehmen. Wer von Ihren Freunden kann Sie dabei unterstützen? Wer kann Sie auf ein höheres Level begleiten?

Auf jeden Fall müssen Sie herausfinden, auf welche Freunde Sie in Zukunft verzichten sollten. Es gibt nämlich immer jene, die versuchen, Sie zu sich hinunter zu ziehen. Von denen sollten Sie sich trennen. Gehen Sie aber nicht hin und sagen Sie das diesen Leuten. Das würde diese verstören und sie erst recht motivieren, alles dafür zu unternehmen, dass Sie Ihre Ziele nicht erreichen und auf ihrem tieferen finanziellen Niveau bleiben. Lassen Sie den Kontakt einfach langsam einschlafen.

Suchen Sie stattdessen neue Freunde, solche die Ihnen vielleicht schon einen oder zwei Schritte voraus sind auf dem Weg zu finanzieller Unabhängigkeit. Von diesen Menschen sollten Sie lernen. Achten Sie darauf, wie diese Menschen leben. Vielleicht kennen Sie das Sprichwort „Von den Reichen lernt man sparen". Oft wird dieses Sprichwort abschätzig gebraucht, doch sollten Sie dies wörtlich nehmen. Wenn man nämlich bedenkt, dass man nur von dem Geld reich wird, das man nicht ausgibt, müssen diese Reichen tatsächlich gute Sparer sein. Also lernen Sie von ihnen. Und das geht am besten, wenn Sie deren Lebensstil genau beobachten und imitieren. Das heisst nicht, dass Sie auch einen Ferrari kaufen sollten, wenn Ihre neuen Freunde einen besitzen. Sie sollten sich fragen, welchen Anteil des Vermögens diese Menschen für dieses Auto ausgegeben haben und diesen Anteil Ihres eigenen Vermögens für Ihr Auto ausgeben. Das reicht dann vielleicht nicht für einen Ferrari sondern „nur" für einen Fiat 500. Aber bedenken Sie, dass die meisten einmal dort angefangen haben.

Wenn es Freunde gibt, die Sie gerne auf Ihrem Weg zu finanzieller Unabhängigkeit dabei hätten, kaufen Sie Ihnen auch dieses Buch. Wenn diese Freunde Sie nämlich auf Ihrem Weg begleiten sollen, müssen Sie wissen, wohin Sie unterwegs sind. Nehmen Sie die Menschen mit auf dieses Abenteuer, Sie werden dafür Dankbarkeit ernten.

3.2 Verhandeln bringt's

Wenn Sie ernsthaft sparen wollen, kommen Sie ums Verhandeln nicht herum. Fragen Sie nach Rabatt, nach Skonto, nach Ermässigungen aller Art. Wer nicht fragt, bekommt auch nichts.

„Wer hat, dem wird gegeben", ist ein altes Sprichwort, das meine Mutter oft verwendet hat. Damit wollte sie sagen, dass reiche Menschen oft noch etwas geschenkt bekommen. Lange Zeit glaubte ich, dass sie recht hätte. Bis ich auf den Trichter kam, wo der Denkfehler lag. Das müsste nämlich eigentlich heissen: „Wer fragt, dem wird gegeben."

Reiche Menschen bekommen nichts geschenkt, weil sie reich sind. Sie sind reich, weil sie nach Vergünstigungen fragen.

Rabatte und Skonti sind oft eingerechnet

Viele Firmen rechnen Rabatte und Skonti fix in ihre Kalkulation ein. Wer danach fragt, kommt oft ziemlich einfach zu einer Vergünstigung. Wenn Sie eine grössere Anschaffung machen, sollten Sie immer nach Rabatt fragen. Selbst bei Grossverteilern gibt es manchmal noch einen gewissen Spielraum, zum Beispiel für Ausstellungsmodelle. Fragen lohnt sich immer. Und lassen Sie sich nicht gleich abwimmeln. Geben Sie sich selbst drei Chancen, also drei Versuche. Wenn Sie dann immer noch ein Nein bekommen, gibt es vielleicht wirklich nichts.

Nutzen Sie die Macht der frühen Zahlung. Die Zahlungsmoral der Kunden ist vielerorts ein wichtiges Kriterium. Mit geschicktem Verhandeln können Sie daraus Profit schlagen. Zahlen Sie früher und bekommen Sie dafür einen Skonto. Oder bezahlen Sie im Voraus. Ihr Geschäftspartner hat dann mit Ihnen kein Kreditrisiko zu tragen. Dafür gibt er gerne einen Skonto. Streben Sie 3 % Skontoabzug dafür an.

Auch Kleinvieh macht Mist! Wenn Sie auch nur 2 % Spezialrabatt heraushandeln, bei einer Investition von 10'000 Franken sind das 200 Franken, die Sie einfach geschenkt bekommen! Warum sollten Sie darauf verzichten?

Wer nach Rabatt fragt, ist kein schlechter Mensch

Viele haben Hemmungen nach Preisnachlässen zu fragen. Aber wieso? In vielen Ländern der Welt gehört das Verhandeln zur Tagesordnung. Da ist das absolut normal. Im Geschäftsleben ist das auch bei uns in der Schweiz absolut normal. Warum sollte das als Privatperson nicht erlaubt sein?

In grossen Firmen gibt es eigens Leute, die nichts anderes tun, als für ihr Unternehmen so günstig wie möglich einzukaufen. Bei denen ist das Verhandeln Teil des Berufsalltags. Sind das deswegen schlechte Menschen? Natürlich nicht! Sie versuchen stets, für ihr Unternehmen den besten Einkaufspreis zu erzielen. Damit steht dieses eingesparte Geld für Investitionen oder für höhere Löhne zur Verfügung.

Legen Sie Ihre Hemmungen ab und verhandeln Sie. Machen Sie ein Spiel daraus. Fragen Sie öfters nach einem Rabatt, spielen Sie mit dem Verkäufer dieses Spiel. Wenn es ein guter Verkäufer ist, wird er begeistert darauf einsteigen und mitspielen. Gute Verkäufer zeichnen sich nämlich dadurch aus, dass sie dieses Spiel auch beherrschen.

Ein guter Verkäufer ist auf die Frage nach dem Preis vorbereitet und wird versuchen, so viel wie möglich für seine Firma herauszuholen. Wenn Sie ihm die Chance geben, sein Können unter Beweis zu stellen, ist das ein Ausdruck Ihrer Wertschätzung ihm gegenüber.

Das macht ihm Spass, damit verdient er seinen Lebensunterhalt. Glauben Sie mir, gute Verkäufer lieben dieses Spiel genauso wie Sie es lieben werden, wenn Sie etwas geübt haben.

Kostenloses Zubehör

Manchmal sind den Verkäufern tatsächlich die Hände gebunden, was Rabatte betrifft. In diesem Fall können Sie vielleicht ein kostenloses Zubehör herausschlagen. Da hat der Verkäufer manchmal noch etwas zusätzlichen Spielraum. Wenn Sie einen neuen Drucker für Ihren PC kaufen, gibt es vielleicht noch ein Paket Papier dazu, eine Ersatz-Tonerkartusche, ein neues Druckerkabel, was auch immer Sie brauchen können. Versuchen Sie's kostenlos dazu zu bekommen. Natürlich klappt das nicht immer, aber wenn Sie das immer wieder üben, werden Sie schon bald der Meister des Verhandelns und Sie werden Dinge geschenkt bekommen, die Sie nie für möglich halten würden.

Stehen Sie zu Ihrem Wort

Wenn Sie in einer Verhandlung ein Geschäft abgemacht haben, halten Sie sich daran. Genauso wie Sie vom Verkäufer verlangen, dass er zu seinem Wort steht, müssen Sie auch selbst zu Ihrem Wort stehen. Haben Sie ein

Geschäft abgeschlossen, bleibt es dabei, auch wenn Ihnen per Zufall noch ein anderes Angebot auf den Tisch flattert.

Sie werden sich damit einen Ruf erarbeiten. Im Laufe der Zeit werden Sie über mehr Geld verfügen und mehr Dinge kaufen müssen oder wollen. Dann ist es gut möglich, dass Sie diesem Verkäufer wieder begegnen. Wenn er Sie dann als vertrauenswürdigen und integren Menschen kennengelernt hat, wird er gerne wieder mit Ihnen verhandeln und ein Geschäft abschliessen, das für beide gut ist.

Sagen Sie nie als Erster einen Preis

Egal, worüber Sie verhandeln, hüten Sie sich davor, als Erstes einen Preis zu nennen. Fragen Sie, was denn noch drin liegen würde und lassen Sie den Verkäufer ein Angebot machen. In vielen Firmen gibt es Rabattstufen, die manchmal allzu grosszügig angeboten werden. Warten Sie auf ein Angebot Ihres Verkäufers. Fragen Sie ganz unverbindlich: „Was können Sie da am Preis noch machen?"

Weniger geübte Verkäufer sagen in diesem Fall direkt einen Prozentsatz. Sagen Sie dazu einfach mal nichts. Nach einer Weile fragen Sie: „Mehr geht nicht?"

Manchmal bekommen Sie zur Antwort, dass er nicht mehr geben könne. Grössere Rabatte gebe nur der Chef. Dann brauchen Sie diesen Chef. Lassen Sie ihn kommen. Lassen Sie bei ihm dann nicht locker, sein Mitarbeiter hat bereits bestätigt, dass der Chef höhere Rabatte geben kann.

Wenn Sie das Gefühl haben, Sie hätten jetzt einen guten Preis ausgehandelt, schliessen Sie ab.

Hand drauf

Versuchen Sie einen Abschluss immer mit einem Handschlag zu besiegeln. Der ist zwar rechtlich nicht bindend, aber die Erfahrung hat gezeigt, wenn jemand die Hand drauf gibt, steht er dazu. Ein Handschlag ist für viele Menschen verpflichtender als ein Stück Papier.

Sie können diesen Handschlag auch bewusst einsetzen. Wenn Sie das Gefühl haben, Sie seien in einer Verhandlung kurz vor dem Ziel, dann nennen Sie Ihr Angebot und bieten Sie gleichzeitig Ihre Hand zum Handschlag an. Nimmt der Verkäufer die Hand, geht er auf Ihren Vorschlag ein und Sie haben erfolgreich verhandelt.

Freundlich bleiben

Sehr wichtig in allen Verhandlungen ist Ihr Umgangston. Bleiben Sie freundlich, aber bestimmt. Stehen Sie zu dem, was Sie sagen. Und sagen Sie nur Dinge, die Sie später nicht bereuen. Bleiben Sie höflich, auch wenn es mal etwas harzig wird.

Auch wenn Ihnen von Seiten des Gesprächspartners Unhöflichkeit entgegen schlägt, bleiben Sie freundlich und höflich. Das ist zwar manchmal schwierig, aber Sie können auf einen Erfolg nur dann stolz sein, wenn dieser auf faire Art erzielt wurde. Und dazu gehört eben auch ein freundlicher und friedlicher Umgangston.

Vermeiden Sie in der Wortwahl solche Wörter, die Ihr Gegenüber erniedrigen könnten. Sie wollen nicht Ihren Gesprächspartner angreifen, sondern mit ihm gemeinsam eine Lösung finden, die für beide stimmt.

Win-win-Situationen suchen

Ein Geschäft ist dann gut, wenn beide Vertragspartner damit zufrieden sind. Der Verkäufer soll das Gefühl haben, das Maximum für seine Firma herausgeholt zu haben, und der Einkäufer soll das Gefühl haben, ein gutes Produkt zu einem günstigen Preis gekauft zu haben.

Dann gewinnen beide etwas, eine Win-win-Situation entsteht. Das ist immer Ihr Ziel bei einer Verhandlung.

Nutzen Sie Ihre Chancen

Sie werden feststellen, dass das Verhandeln Spass macht. Natürlich braucht es eine gewisse Übung, aber keine Sorge, die kommt von selbst, wenn Sie einige Verhandlungen erfolgreich hinter sich gebracht haben. Und Sie werden feststellen, dass Ihnen niemand etwas nachträgt, wenn Sie während der Verhandlung immer fair geblieben sind.

Hart zu verhandeln ist nicht böse, nur unfair zu verhandeln ist böse. Darum sollten Sie darauf achten, dass Sie Ihrem Gegenüber stets mit gutem Gewissen in die Augen sehen können. Je erfolgreicher Sie nämlich verhandeln umso öfter werden Sie das tun. Je mehr Geld Sie eingespart haben, umso häufiger werden Sie dieses Geld sinnvoll investieren wollen und umso häufiger müssten Sie auch erneut verhandeln.

Lernen Sie aus Fehlern

Kein Meister ist jemals vom Himmel gefallen. Sie werden im Laufe Ihres Lernens Fehler machen. Und das ist gut so! Lernen Sie aus Ihren Fehlern!

Und manchmal können Sie auch aus Fehlern von anderen lernen, zum Beispiel dann, wenn Ihr Verhandlungspartner einen Fehler macht.

Schreiben Sie nach einem Verhandlungsgespräch alles auf, was Sie für wichtig erachten. Was haben Sie gut gemacht? Was hat Ihr Gegenüber gut gemacht? Wo können Sie besser werden?

Das bringt uns jetzt zum nächsten wichtigen Thema. Sie werden lernen müssen, Ängste zu überwinden. Damit beschäftigen wir uns im nächsten Kapitel.

3.3 Ängste überwinden

Ein selbstbestimmtes Leben zu leben, braucht Mut. Zu den eigenen Entscheidungen zu stehen, auch wenn einem mal ein herber Wind ins Gesicht bläst, ist nicht immer einfach. Darum sollten Sie auch an Ihrer Persönlichkeit arbeiten.

Es gibt Zeiten, da werden sich vor Ihnen Hindernisse auftürmen, doch wenn Sie lernen, diese Hindernisse zu überwinden, kommen Sie voran. Wer erfolgreich sein will, darf vor Problemen und Unsicherheiten nicht zurückschrecken.

Manche Hindernisse sind nur klein, andere scheinen unüberwindlich. Das war schon immer so und Sie haben in Ihrem Leben bereits gelernt, mit Hindernissen, Rückschlägen und Herausforderungen umzugehen. Im Grunde ist es ganz genauso wie damals, als Sie laufen lernten. Wie oft sind sie gestürzt, unsanft auf dem Hintern gelandet oder in eine Wand oder ein Stuhlbein gelaufen? Zwei Mal, hundert Mal, tausend Mal? Das hat Sie aber nicht davon abhalten können, das Laufen zu lernen. Immer wieder haben Sie Ihr Bestes gegeben, um Ihr Ziel zu erreichen. Sie wussten genau: Andere hatten dieses Ziel vor Ihnen erreicht und Sie würden es auch erreichen, wenn Sie nicht aufgeben.

Wie viele Chancen geben Sie sich bei Ihren finanziellen Zielen? Zwei, hundert oder tausend? Fehler gehören zum Lernen dazu. Hürden und Hindernisse gehören dazu. Geben Sie einfach nicht auf, dann werden Sie auch einen Weg finden, wie Sie Ihre finanziellen Ziele erreichen.

Die Krux mit den gesellschaftlichen Verpflichtungen
Manchmal ist es schwierig, stark zu sein beim Sparen. Vielleicht kennen Sie diese Situation: Man sitzt gemütlich mit Freunden beim Essen, ein paar Flaschen Wein gehören dazu und am Schluss kommt die Rechnung und man teilt einfach den Gesamtbetrag durch die Anzahl Personen. Klingt fair, ist es aber nicht, besonders dann, wenn Sie keinen oder nur wenig Wein trinken. Dann bezahlen Sie noch den Wein für jemand anderen mit. Aber hey, man will ja in der Runde nicht auffallen mit einer getrennten Rechnung. Sind ja nur 10 Franken Unterschied, oder?

Und die neue Freundin Ihres Geschäftspartners hat auch noch als einzige ein Dessert bestellt. Jetzt müssen Sie ihr noch die Nachspeise bezahlen, dabei wissen Sie jetzt schon, dass Sie die Frau nie wiedersehen werden.

Wenn Sie bewusst mit Ihrem Geld umgehen, werden Ihnen solche Sachen schwer fallen.

Versuchen Sie doch einmal diesen Vorschlag einzubringen: Beim Essen bezahlt jeder, was er bestellt hat. Die Kosten für den Wein werden gleichmässig auf die Weintrinker aufgeteilt. Das macht der Bedienung etwas mehr Arbeit, weil sie die Rechnung aufteilen muss. Machen Sie sich deswegen keine Gedanken, das gehört zur Arbeit einer Bedienung. Es muss ihr nicht gefallen, aber es gehört zu ihrem Job?

Der Weg des Kriegers

Ganz gleich ob der mittelalterliche Held, ein japanischer Samurai oder ein gewöhnlicher Dorfpolizist, sie alle haben eine Berufung: die Menschen zu schützen, koste es, was es wolle. Sie wählen den Weg des Kriegers. Ein Krieger nimmt die Aufgabe, die er zu erfüllen hat, so ernst, dass er sich allen Problemen und Hindernissen stellt, die ihm auf dem Weg begegnen. Denken Sie an Ihren liebsten Filmhelden. Alle diese Helden leben den Weg des Kriegers: Ich werde das Richtige tun, ganz egal, welche Probleme mir im Weg stehen.

Ein Krieger wird sein Ziel erreichen oder bei dem Versuch sterben. Genauso sollten Sie es mit Ihren finanziellen Zielen halten: Erreichen Sie sie oder sterben Sie beim Versuch.

Das klingt jetzt sehr extrem. Bedenken Sie aber, dass Sie auf jeden Fall irgendwann sterben müssen. Wenn Sie dann auf Ihrem Sterbebett liegen und auf Ihr Leben zurückblicken, was würden Sie sich selbst gerne sagen? Wollen Sie sich sagen „Ich hätte es doch versuchen sollen" oder lieber „Ich hab mein Bestes getan und viel erreicht!"

Nebenwirkungen dieser Einstellung

Wie jede Veränderung, wird sich auch eine neue Einstellung, ein neuer Mut auf Ihr Leben auswirken. Vielleicht sogar auf eine Weise, die Sie nie denken würden. Mit mehr Mut und mehr Selbstsicherheit erreichen Sie vielleicht berufliche Ziele, die Sie nie für möglich gehalten hätten. Man wird auf Sie aufmerksam werden. Man wird sehen, was Sie leisten. Man wird Ihnen Anerkennung und Respekt entgegen bringen. Und das sind gute Voraussetzungen für eine Beförderung im Unternehmen. Wenn Sie sich selbst mehr vertrauen, können auch andere Ihnen mehr vertrauen.

Und je mehr man Ihnen vertraut, umso mehr kann man Ihnen anvertrauen. So kann es sein, dass Ihr Einkommen plötzlich sprunghaft ansteigt.

Der innere Zweifler

Manchmal erleiden Sie Rückschläge. Das ist normal. Sie werden Fehler machen und hoffentlich daraus lernen. Lassen Sie sich aber niemals durch diese Fehler von Ihrem Ziel abbringen. Gehen Sie den Weg des Kriegers bis zum Schluss. Nur wenn Sie Ihr ganzes Können und Ihren vollen Willen einsetzen, werden Sie erfolgreich sein.

Aufgeben ist keine Option. Daran sollten Sie stets denken. Wenn Sie aufgeben, sabotieren Sie sich selbst.

Bestimmt werden Sie manchmal von Zweifeln geplagt. Ob Sie wirklich gut genug sind? Ob Sie wirklich genug tun? Ob Sie es wirklich verdient haben? Solche innere Stimmen tauchen auf. Das ist normal. Aber wenn Sie nichts dagegen tun, werden diese Stimmen Sie von Ihren Zielen abhalten. Sie haben bereits am Anfang des Buches über Ihre Ziele nachgedacht. Sie haben sie aufgeschrieben. Holen Sie diese Liste hervor, wenn solche Zweifel Sie befallen. Kontern Sie die Zweifel mit den Punkten von Ihrer Liste. Erklären Sie Ihrem inneren Zweifler, warum Sie das tun müssen.

Externe Zweifler

Schon zu Beginn dieses Buches habe ich Sie darauf hingewiesen, Ihre Ziele für sich zu behalten. Ansonsten wecken Sie Neid, Missgunst und Zweifel. Erzählen Sie anderen von Ihren Zielen, werden diese bei jeder Gelegenheit darauf herumreiten und Ihre Ziele ins Lächerliche ziehen. Diese Menschen meinen das nicht böse. Auf ihre Art zeigen sie Ihnen, dass sie sich an Ihre Vision erinnern. Aber natürlich können diese Menschen Sie nicht zu einem anderen Leben motivieren. Am Ende passen diese Freunde nämlich nicht mehr in Ihr Leben. Diese Menschen wollen Sie nicht verlieren und darum sorgen sie dafür, dass Sie in ihrer Einkommens- und Vermögensklasse bleiben.

Darum erzählen Sie besser nichts von Ihren Plänen, ausser natürlich jenen Menschen, die mit Ihnen diesen Weg gehen wollen. Ihrer Familie vielleicht, Ihrem Geschäftspartner, Ihrem besten Freund.

Umgeben Sie sich mit Menschen mit den gleichen Zielen, dann können Sie sich gegenseitig motivieren.

Trainieren Sie regelmässig

Wenn ein Sportler sich zum Ziel setzt, an der Olympiade teilzunehmen, wird er viel trainieren. Das klingt logisch. Für Sie heisst das aber auch, dass Sie immer wieder das Sparen trainieren müssen. Wenn Sie merken, dass der Schlendrian Einzug hält, sollten Sie sich sofort wieder eine Aufgabe vornehmen.

Bleiben Sie dran, am besten mit einer Vertrauensperson. Sprechen Sie regelmässig miteinander über Ihre Ziele und Ihre nächsten Schritte. Oft kann in solchen Gesprächen sogar eine gute neue Idee entstehen.

Nehmen Sie sich einen Coach oder arbeiten Sie in einer Peer-Group mit Gleichgesinnten. Das macht die Arbeit leichter und bringt immer wieder neue Tipps und Tricks.

Und vor allem: Feiern Sie gemeinsam Ihre Erfolge!

3.4 Jammern und Negativität

„Wie geht es Ihnen?" Diese Frage hören Sie bestimmt oft. Und was geben Sie dann zur Antwort? „Es geht", „Nicht schlecht", „Man schlägt sich durch" oder etwas Ähnliches. Oder trauen Sie sich und sagen Sie: „Toll!", „Fantastisch!", „Super!"

Man hört es schon am Klang und kann diese Wörter gar nicht ohne Ausrufezeichen schreiben, so gut fühlen sie sich an. Nur leider sagt einem das fast niemand. Und das ist schade.

Stellen Sie sich vor, Sie würden immer „Fantastisch!" sagen anstatt „nicht schlecht". Glauben Sie nicht auch, dass sich Ihre Gefühle sich selbst gegenüber verändern würden? Probieren Sie es aus.

Was Sie nämlich sagen, sagen Sie zwar zu anderen, aber Sie selbst hören es ja auch. Und stetige Wiederholung macht es wahr! Wenn Sie sich selbst und anderen immer wieder sagen, dass es Ihnen fantastisch geht, wie sonst soll es Ihnen gehen?

Es ist ein bisschen wie die Geschichte vom Huhn und vom Ei. Was war zuerst? Eigentlich ist es egal, was zuerst ist, es wird immer ein Zyklus daraus entstehen. Wenn ein Huhn verfügbar ist, nehmen Sie das Huhn, wenn ein Ei verfügbar ist, nehmen Sie das Ei.

Übertragen auf unsere Situation heisst das: Wenn Sie sich gut fühlen, sagen Sie es, und wenn Sie es sagen, fühlen Sie sich gut. Ganz egal, was zuerst ist, es führt Sie in einen Kreislauf, der sich zwangsläufig dahin entwickelt, dass es Ihnen immer besser geht.

Das Dilemma mit den Nachrichten

Wir haben das bei den Medien schon einmal kurz angeschaut. „Good news is no news", lautet ein englisches Sprichwort, übersetzt also: Gute Nachrichten sind keine Nachrichten. Das würde also bedeuten, dass Nachrichten generell schlecht sind. Und leider stimmt das. Nehmen Sie einmal eine Zeitung zur Hand oder schauen Sie die Tagesschau. Da wird Ihnen – abgesehen vom Sportteil – nur Negativität entgegen schlagen. Krieg da, Hunger dort, Katastrophe woanders und über dem Ganzen eine kräftige Portion Klimawandel.

Und können Sie etwas dagegen tun? Wenn nicht, warum wollen Sie es dann unbedingt wissen? Was tun Sie mit dieser Information? Sie fühlen sich schlechter, weil irgendwo auf der Welt ein Krieg wütet. Das bringt aber den Menschen im Kriegsgebiet gar nichts, wenn Sie sich schlecht fühlen. Ihnen selbst hilft das auch nicht. Also wozu das Ganze? Man macht das so, oder? Man muss ja Bescheid wissen, oder? Nein, muss man nicht!

Dieses einfache Diagramm kann Ihnen helfen, Ihre Stimmung dauerhaft zu verbessern:

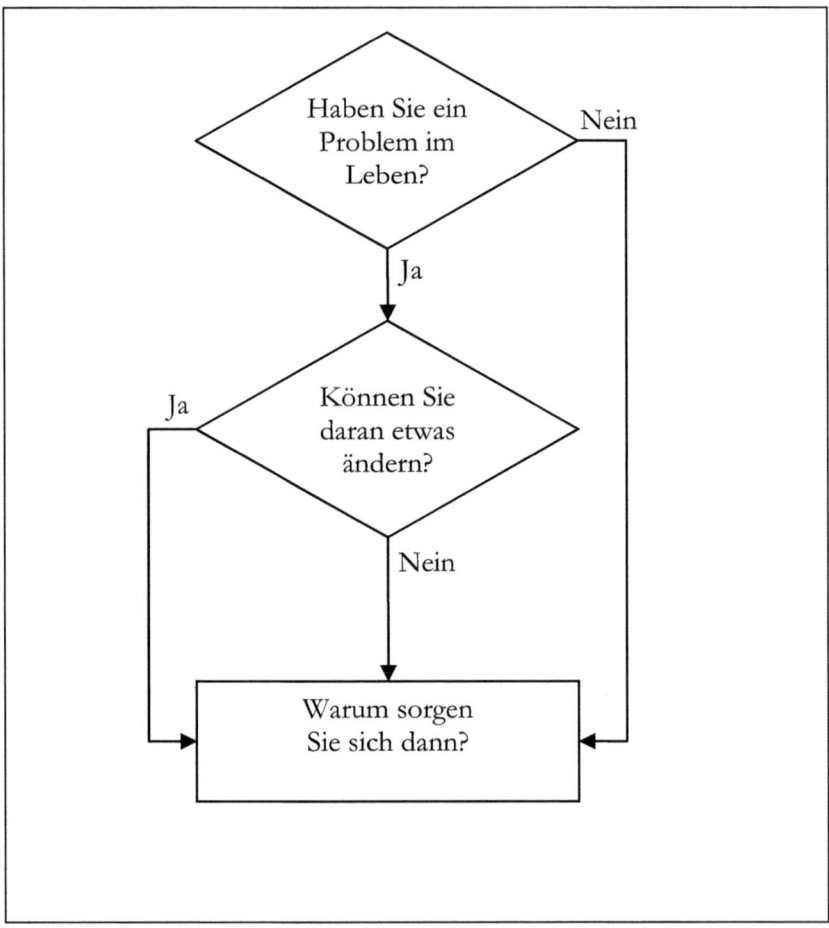

Machen Sie einmal den Versuch und verzichten Sie zwei Wochen lang auf sämtliche Zeitungen, hören Sie keine Nachrichten im Fernsehen und im Radio.

Wenn Sie sich gerne vom Radio wecken lassen, schenken Sie sich vier Extra-Minuten Schlaf. Statt auf 6:00 stellen Sie den Wecker auf 6:04. Dann sind die Kurznachrichten vorbei und es spielt normalerweise wieder Musik. Sie hören dann angenehme Musik und müssen sich nicht morgens als Erstes anhören, was während der Nacht irgendwo auf der Welt schiefgelaufen ist. Das ist ein ganz anderer Start in den Tag. Sie werden schnell merken, was das ausmacht.

Wenn Sie die ganzen zwei Wochen ohne Nachrichten ausgehalten haben, fragen Sie sich: Habe ich wirklich etwas verpasst? Vermutlich nicht, aber Sie werden sich besser fühlen. Versprochen!

Hüten Sie sich vor Nörglern

Es gibt sie an jeder Ecke. Bei der Arbeit, im Zug, im Bus, beim Einkaufen: die Nörgler. Denen ist nichts recht, die ganze Welt ist gegen sie und das erzählen sie bereitwillig jedem, der in der Nähe ist, und zwar unabhängig davon, ob der es hören will oder nicht.

Gehen Sie diesen Menschen aus dem Weg. Sie werden sonst mit so viel Negativität überschüttet, dass Sie kaum Ihre Lebensfreude behalten können. Suchen Sie sich im Gegensatz dazu Menschen, die positiv denken und gerne über schöne Dinge reden. Menschen, die erzählen, wie wunderbar alles klappt in ihrem Leben, wie toll das Leben doch ist und wie gut das Geschäft läuft.

All die Nörgler, die mit nichts zufrieden sind, über das Wetter lästern oder über die Politik oder den stetig wachsenden Verkehr ... ignorieren Sie diese, gehen Sie Ihnen aus dem Weg. Das ist nämlich ansteckend, genauso wie eine Grippe; und auch genauso gefährlich.

Versuchen Sie nicht, diese Menschen zu „bekehren" zu einem positiveren Weltbild. Das bringt nichts. Gehen Sie denen einfach aus dem Weg und leben Sie Ihr glückliches Leben ohne diese Störenfriede und Miesepeter.

Wenn Sie beruflich mit diesen Nörglern zu tun haben, sorgen Sie dafür, dass Sie in der Freizeit schnellstmöglich wieder von positiven Menschen umgeben sind. Duschen Sie nach der Arbeit und waschen Sie die Sorgen dieser Menschen gleich mit ab. Kaum zu glauben, aber das hilft.

Achten Sie auf Ihre Sprache

Wenn Sie jammernden Menschen und Nörglern aus dem Weg gehen sollten, gilt das natürlich besonders für Ihre eigene Sprache. Seien Sie achtsam, **was** Sie **wie** sagen.

Verzichten Sie auf „nicht", „un...", „kein", „weniger" und ähnliche Wörter. Diese lenken Ihren Fokus auf die falschen Dinge. Die Erklärung dafür ist so einfach wie logisch. In Ihrem Gehirn sind viele Informationen als Bilder oder Gefühle abgespeichert. Hören Sie nun ein Wort, holt Ihr Gehirn ein entsprechendes Bild hervor. Wenn Sie das Wort „Auto" hören, wird Ihr Gehirn sofort ein Bild eines Autos parat haben. Marke und Typ spielen dabei keine Rolle. Es wird einen Motor haben, vier Räder, 2 bis 5 Türen, ein Lenkrad und noch etwas mehr an Ausstattung.

Wenn Sie aber hören „kein Auto"? Wie sieht dieses Bild aus? Genau gleich! Wieder wird das Gehirn Ihnen das Bild Ihres Autos zeigen. Aus dem einfachen Grund, dass es kein Bild gibt für „kein Auto". Wie sollte so etwas auch aussehen?

Genau gleich geht das mit Gefühlen und Empfindungen. Wenn Sie weniger Hektik in Ihrem Beruf wollen, was zeigt Ihnen dann Ihr Gehirn? Hektik. Noch schlimmer wird es, wenn Sie nicht mehr so viel Hektik wollen. Was zeigt Ihnen Ihr Gehirn dann für Bilder? Richtig: viel Hektik.

Suchen Sie also unbedingt eine positive Formulierung. Das kann sein, dass Sie bei der Arbeit gelassener sein wollen oder dass sie ruhiger sind, wenn Sie im Büro sitzen.

Achten Sie mal eine Woche lang auf alle Wörter mit negativer Bedeutung in Ihrem Wortschatz. Wie oft benützen Sie diese? Wie oft generieren Sie Bilder dessen, was Sie nicht wollen? Ändern Sie das! Wenn Sie denken „Ich will nicht so viel Geld ausgeben", überschreiben Sie diesen Gedanken mit „Ich will mehr Geld sparen". Machen Sie daraus ein Spiel. Wenn Sie einen Partner haben, spielen Sie gemeinsam. Achten Sie gegenseitig auf die Sprache des anderen und finden Sie Formulierungen, die besser passen. Das kann ein witziges Spiel sein und hilft beiden. Mit diesem Partner dürfen Sie sich nach Herzenslust über Formulierungen austauschen. Hüten Sie sich aber davor, jedermann gleich zu korrigieren, sobald Sie eine Negativ-Formulierung hören. Das wird oft missverstanden und Sie werden als aufdringlicher Besserwisser wahrgenommen.

Am besten ist es immer, wenn Sie mit gutem Beispiel vorangehen und achtsam mit Ihrer Sprache umgehen. Dann können Sie andere inspirieren.

3.5 Erfolge feiern

Wenn Sie sich an die Ideen und Tipps dieses Buches halten, werden Sie schon bald Ihre ersten Erfolge verzeichnen können. Diese sollten Sie auch gebührend feiern.

Das heisst nicht, dass Sie Ihr ganzes erspartes Geld gleich wieder auf den Putz hauen, aber Sie sollten sich etwas gönnen.

Feiern motiviert

Wenn Sie einen Erfolg feiern, verleihen Sie ihm Gewicht. Sie blicken stolz auf das Erreichte und können sich sagen: Ich kann das.

Das muss nicht immer ein riesiges Ziel sein. Das kann einfach sein, Ende Monat 100 Franken auf ein Sparkonto zu legen. Das alleine gibt Ihnen in 10 Jahren 12'000 Franken. Wenn das kein Grund zum Feiern ist.

Oder Sie machen es so, dass Sie jeden Monat den Betrag, den Sie einzahlen, verdoppeln. Im ersten Monat 1 Franken, im zweiten 2, im dritten 4 usw. bis zum zwölften Monat, in welchem Sie 2048 Franken einzahlen. So haben Sie in einem Jahr über 4'000 Franken angespart. Super, oder?

Und jedes Mal, wenn Sie sich Ihre Erfolge vor Augen halten, bekommen Sie das Gefühl, dass Sie sich selbst und Ihrer Leistung vertrauen können. Sie haben sich ein Ziel gesetzt und es erreicht.

Wie gross die Ziele sind, ist im Moment nicht wichtig. Wenn Sie eine Million ansparen wollen, müssen Sie mit dem ersten Franken beginnen. Damit gehören Sie bereits zu den Menschen, die weniger ausgeben, als sie einnehmen. Glückwunsch!

Natürlich sollten Sie nicht den ersten Franken mit einer Flasche Champagner für 120 Franken feiern. Das steht in keinem Verhältnis. Aber legen Sie doch diesen einen Franken in einer feierlichen Zeremonie in ein Sparschwein und sagen Sie dazu: „Du bist jetzt der Erste von über einer Million."

Sie geben sich selbst damit ein Versprechen, das nicht einmal unbedingt laut ausgesprochen werden muss. Aber Ihr Inneres, Ihr Unterbewusstsein wird die Botschaft verstehen und Sie in diese Richtung lenken.

Mit den feierlichen Gelegenheiten, dem Feiern der erreichten Ziele geben Sie dem Unterbewusstsein die Anerkennung für seine Mithilfe. Glückshormone werden ausgeschüttet, was Sie in eine positive Stimmung bringt, was dazu führt, dass Ihnen alles etwas leichter fällt, was dazu führt, dass Sie schon bald Ihr nächstes Ziel erreichen, was dazu führt, dass Sie feiern, was dazu führt, dass Glückshormone ausgeschüttet werden ...

Diese Spirale windet sich dann weiter und weiter hinauf zu immer grösseren Zielen.

Hier das Ganze noch etwas einfacher als Grafik dargestellt:

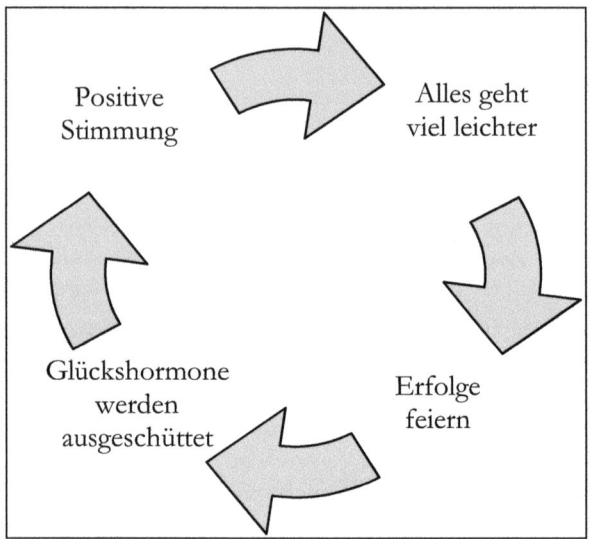

Kleine Schritte sind besser
Sie sollten unbedingt darauf achten, dass Sie kleine Schritte gehen. Das steigert die Kadenz, in der Sie neue Erfolge feiern können. Es hilft Ihnen dranzubleiben, weil das Belohnungszentrum im Gehirn immer wieder angeregt wird. Je öfter Sie Erfolge feiern, umso regelmässiger tauchen sie auf.

Führen Sie ein Erfolgstagebuch
Gerade die kleinen Alltagserfolge gehen manchmal unter. Dabei sind diese die kleinen Schritte, die Sie voranbringen. Nehmen Sie sich abends ein paar Minuten Zeit, um Ihre Erfolge des Tages für sich zu notieren.

Kaufen Sie sich eine kleine Agenda, in der Sie für jeden Tag 5 – 10 Zeilen Platz haben, und die klein genug ist, damit Sie sie überallhin mitnehmen können.

In diese Erfolgsagenda schreiben Sie nichts ausser Ihre Erfolge des Tages. Füllen Sie den Platz. Achten Sie darauf, dass Sie nicht nur eine Zeile in diesem Büchlein ausfüllen, sondern den Tag immer füllen. 5 – 10 Zeilen sind nicht alle Welt, schreiben Sie darin Ihre Erfolge auf.

Das müssen nicht riesige Erfolge sein und es muss sich nicht unbedingt ums Sparen drehen. Vielleicht haben Sie ja eine Münze gefunden? Vielleicht sind Sie im dichten Feierabendverkehr ruhig geblieben? Vielleicht haben Sie ein gutes Geschäft abgeschlossen? Vielleicht haben Sie alle Kunden am Telefon sehr freundlich bedient? Vielleicht wurden Sie von Ihrem Chef gelobt? Vielleicht haben Sie Ihre Mitarbeitenden gelobt?

Alles, was Ihnen zu einem guten Gefühl verhilft, ist erlaubt. Hauptsache, Sie finden genug, um den Platz zu füllen. Und wenn Sie dazu noch am Ende hinzufügen müssen: „Ich habe meine heutigen Erfolge notiert."

Es ist sehr wichtig, dass Sie den Platz füllen. Das heisst, Sie haben mehr als einen kleinen Erfolg, sie haben ganz viele. Und je öfter Sie Ihr Erfolgstagebuch ansehen, umso erfolgreicher fühlen Sie sich. Und dann sind wir genau da, wo wir sein wollen: auf der Gewinnerstrasse!

Teilen Sie mit anderen
Albert Schweitzer hat einmal gesagt: „Glück ist das Einzige, das sich verdoppelt, wenn man es teilt."

Wenn Sie also am Feiern sind und Ihre Erfolge geniessen, denken Sie auch an andere. Lassen Sie andere an Ihrem Erfolg teilhaben. Das bedeutet nicht, dass Sie Ihr hart erspartes Geld einfach so verschenken sollen.

Das bringt Ihnen nichts und den Beschenkten im Endeffekt auch nicht, weil diese daraus nichts lernen.

Schenken Sie Ihnen aber zum Beispiel dieses Buch und helfen Sie diesen Menschen, sich auf ihren eigenen Weg zum Erfolg zu machen. Könnte es ein besseres Geschenk geben als eine Hilfestellung und vielleicht sogar ein Mentoring zum finanziellen Erfolg?

4 Schlusswort

Und jetzt? Sie haben das Buch bis zum Ende gelesen. Hoffentlich haben Sie etwas davon profitiert. Vielleicht erinnern Sie sich noch, dass wir beim Thema Weiterbildung gelernt haben, dass von dem, was wir lesen, nur gerade 10 % hängen bleibt. Das heisst, Sie haben jetzt also ein Zehntel des Wissens in diesem Buch aufgenommen.

Am besten beginnen Sie deshalb gleich wieder von vorne. Das hat zwei gute Effekte:

1. Wenn Sie Glück haben, bleiben beim zweiten Mal 10 andere Prozent des Wissens hängen.
2. Die 10 %, die bereits hängen geblieben sind, werden durch die Wiederholung gefestigt.

Bei der Umsetzung werden Sie vielleicht einige ganz spezielle Erlebnisse und Erfolge haben. Teilen Sie diese auf www.sparenmachtspass.ch und lassen Sie andere daran teilhaben.

Ich wünsche Ihnen viel Erfolg auf Ihrem Weg!

Ihr
Markus Kessler